桜の教科書

サクラを美しくまもる
人の智恵と技

Cherry Trees and Blossoms

Cultivating Human Wisdom with Japanese Sakura

森本幸裕 監修　**今西純一** 著　**山崎 猛** 作画

京都通信社
Kyoto Tsushinsha Press

もくじ

桜のある風景

庭の桜 …… 4
並木の桜 …… 6
山の桜 …… 7
植樹の桜 …… 8
物語のある桜 …… 9

はじめに ● 桜の呼びかけに耳を傾けてほしい …… 10

桜とともに生きる

花見 …… 12
春のおとずれを知らせる桜

桜にあつまる生きものたち …… 14
桜は生きものたちの暮らしの場

2本の桜をくらべてみよう …… 16
笑っている？　泣いている？　桜の声を聞いてみよう

2本の桜はなぜ違う？ …… 18
光・水・土・風……まわりを見ると桜のことが見えてきます

コラム ● 美しい風景としての桜〈森本幸裕〉…… 20

桜を知る

サクラ属 …… 22
それぞれの特徴を知ろう

桜の種類の見分け方 …… 24
人の顔や性格が違うように、桜にも種や品種の個性があります

野生種 …… 26
地域に根ざす桜

栽培品種（園芸品種） …… 28
人の手で美しさをつなぐ桜

桜の一年 …… 30
花を咲かせ、実をつけようと一年をとおして変化しています

桜を植える

桜の一生 …… 32
桜の一生はドラマのようです

木のしくみ …… 34
木はどのようにして生きているのだろう

桜の殖やし方 …… 36
種から殖やす、枝から殖やす

根の違い …… 38
殖やし方、育て方で根も変わる

根の伸び方 …… 40
元気に成長するポイントは根

土 …… 42
やわらかさ、湿りやすさ、水はけのよさ、養分

水 …… 43
乾きやすい、水がたまりやすいところは要注意

光 …… 44
明るい日ざしが大好物

空間 …… 45
50年後の成長を想像しましょう

苗の植え方 …… 46
小さな苗から育てよう

桜を見守る・育てる

植えたあとの観察 …… 48
どこに注意すればよいのでしょう

調子のわるい木 …… 50
こんな症状はありませんか

花・芽の診断 …… 52
花が咲くから元気とはいえません

葉の診断 …… 54
葉から木の調子がわかります

枝の診断 …… 56
枝からわかる成長量

幹の診断 …… 58
幹の状態からわかること

根の診断 …… 60
枯れはじめたら根や土のかたさを調べてみよう

コラム ● 桜の病気と菌類〈山中勝次〉 …… 62

桜のプロフェッショナルたち …… 64
どうにもならないときはたよれるプロの力を借りましょう

コラム ● 桜を育てる　インタビュー …… 66

枯れてもつづく桜のいのち …… 68
桜もいつか枯れてしまいます

この本では、
野生種はヤマザクラやエドヒガンのようにカタカナで記載しています
栽培品種は‘染井吉野’や‘関山’のように‘ ’で囲んで記載しています

桜のある風景

庭の桜

庭は、人が創《つく》り出した理想の自然。桜の演出もさまざま

1本の桜がきわだつデザイン

高台寺（京都市）しだれ桜の花びらがこけや白い砂の上にハラハラと落ちます

たくさん植えることで、水辺をにぎやかにいろどるデザイン

平安神宮（京都市）ライトアップされたしだれ桜は夜の観光名所になります

石庭を華やかに演出

東福寺塔頭 光明院（京都市）　時の永遠性がモチーフの一つ、重森三玲の「波心庭」に春をつげます

並木の桜 ｜ ずらりとならぶ桜がつくる壮観《そうかん》な景色

琵琶湖疏水（京都市岡崎）芸術・文化ゾーンの美しい景観をつくる桜

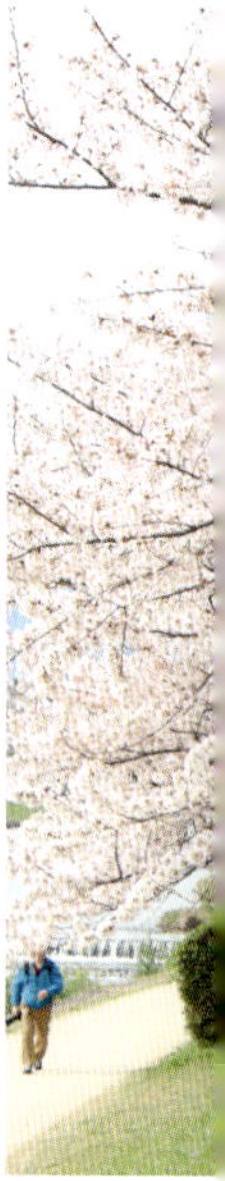

山の桜

芽《め》ぶきはじめた木に
混じって花をつける

芽ぶきの季節、緑の木に混じって
色どり豊かに花を咲かせます

賀茂川（京都市）

桜のトンネルをくぐりぬけてたくさんの人が散策を楽しみます

植樹の桜 何十年かあとに、思い出の木となることを願いながら

元気に育ってほしいと、思いを込めて植えます。つぎの春にはきれいな花を少し咲かせてくれるかもしれません

物語のある桜 ｜ 時をへて、守り継《つ》がれる桜の風景

吉野山（奈良県吉野郡吉野町）

1,300年前、修験道の開祖とされる役小角（えんのおづぬ）が吉野金峰山で1,000日間のきびしい修行の末、悟りを開きました。そのとき、役小角は近くに生えていたヤマザクラの木をつかって、蔵王権現（ざおうごんげん）のすがたを刻みました。それ以来、ヤマザクラはご神木として吉野山に植えつづけられ、いまの景観になっています

桜の呼びかけに耳を傾けてほしい

桜は、日本人にとって特別な木です。桜の花は暖かな春のはじまりを教えてくれます。桜の花が咲くと、浮き立つような、うれしい気持ちになる人も多いでしょう。多くの地域で桜が咲く3月下旬から4月上旬は、学校の卒業式や入学式とも重なって、人生の節目をいろどります。

桜の名所として古くから知られる奈良県吉野山は、あの豊臣秀吉も盛大な花見を開いた場所です。ところが、近年、吉野山の桜が弱ってきているというのです。私たちは桜を心配する地元の人たちの声をうけて、平成20（2008）年度から3年間、吉野山の桜の調査を行ないました。調査結果は報告書にまとめられ、地元では桜の景観を守り継《つ》ぐ努力がつづけられています。

じつは、桜が弱ってきているのは吉野山だけではありません。日本各地でよく耳にする話なのです。人の手によって植えられた桜は、ふだんから目を配り、手入れをしないと弱ってしまいます。一年の大部分は、気にもとめられない桜。まちを歩いていると、かわいそうな桜をたくさん目にします。

桜のことをもっと知って、もっとたいせつにしてほしい。そして、「植えて、終わり」ではなく、「植えて、育てる」ことの重要性を世の中の人にもっと伝えたい。吉野山での経験もふまえ、そんな思

和州芳野山勝景図（京都大学大学院農学研究科環境デザイン学研究室所蔵）

いで書いたのがこの本です。

この本は小学校高学年から桜の植樹、管理の実務者まで、幅《はば》ひろい読者層を対象にしています。桜を理解するうえで必要なことは、むずかしいと思われていることも、わかりやすく、ていねいに説明することを心がけました。

この本が、桜に関心のある多くの人たちに読まれ、生き生きと育つ桜がふえることが私たちの願いです。

学校生活をいろどる桜

著者　2014年秋　京都にて

貝原益軒が1713年に出版した吉野山案内記。見開き8面にわたって、当時の状況を忠実に描いた写景図形式で、六田（むた）ノ渡しから安禅寺蔵王堂（あんぜんじざおうどう）までの吉野山の満開の桜を描き、ていねいな彩色を施している

花見

春のおとずれを知らせる桜

桜《め》の芽は、冬の寒さにさらされると、眠りからゆっくりと覚める（休《きゅう》眠解除《みんかいじょ》）。そして、春になって暖かくなると芽を開くのじゃ。

●桜は寒い冬から暖かい春になると花を咲かせることから、むかしの人は桜の花を農作業をはじめる目安にしてきました。みなさんも桜の花が咲くと、「春がきた」と思いますか？

歌川広重「浪花名所図会　安井天神山花見」
左下の安井天神の社（やしろ）の神さまも花見を楽しんでいるよう（出典　国立国会図書館ウェブサイト）

●いまのように、多くの人たちが桜の下で花見を楽しむようになったのは、江戸時代からです。古い錦絵《にしきえ》からも、食べたり、飲んだり、歌ったり、踊《おど》ったり、楽しそうなようすが伝わってきます。

江戸幕府８代将軍徳川吉宗が、江戸の飛鳥山、向島、御殿山に、たくさんの桜を植えさせ、桜の名所をつくった。これをきっかけに、花見が大衆《たいしゅう》にひろがったのじゃ。

昔は、山に入って、しぜんに生えた桜の花を楽しんでおったんじゃろうな。

平野神社（京都市）には約60種の桜が咲きほこる。ここから日本各地にひろまった品種も多い

花見といえば、いっせいに花が咲きそろう‘染井吉野《そめいよしの》’のイメージです。しかし、‘染井吉野’が日本各地でたくさん植えられるようになったのは、第二次世界大戦後のことです。

‘染井吉野’は、幕末から明治初めころに東京（江戸）から日本各地にひろまっていった。この桜は接《つ》ぎ木などで殖《ふ》えたクローンで、どの木も同じ遺伝子《いでんし》。葉よりも花が先に開くから、花一面の桜の景色をつくりだすぞ。

‘染井吉野’のほかにも
たくさんの種類の桜があるよ。

たくさんの種類の桜を楽しむ花見もあります。

いろんな花見があって、
それぞれに楽しいね。

たくさんの種類があるほうが、
花を楽しめる期間が長くなるし、
病気もひろがりにくい。

約130品種の桜が咲きそろう独立行政法人造幣局（大阪市）

桜にあつまる生きものたち

桜は生きものたちの暮《く》らしの場

ハチ

アリと蜜腺

カイガラムシ

ヒヨドリ
メジロ
ミミズ
コフキタケなど
キマダラルリツバメ（幼虫）
とハシブトシリアゲアリ

桜を助ける生きものたち

- 花粉《かふん》や蜜《みつ》を求めてやってくるハチやヒヨドリやメジロなどの鳥は、花粉を運んで受粉《じゅふん》を助けてくれる。
- 蜜腺《みつせん》にやってくるアリは、葉を食べる虫から守ってくれる。
- テントウムシは、アブラムシやカイガラムシを食べてくれる。
- シジュウカラやコゲラなどの鳥は毛虫《けむし》を食べてくれる。
- 実《み》を食べて、種を運んでくれるヒヨドリやムクドリなどの鳥もいる。

桜にすむ生きものたち

- 幹につくコケや地衣類《ちいるい》がいる。
- 老木になってウロ（洞）ができると、アリのすみかになる。
- キマダラルリツバメというめずらしいチョウは、桜の老木《ろうぼく》に卵を産みつけて、樹上《じゅじょう》にすむハシブトシリアゲアリに育ててもらう。

桜に害を与える生きものたち

- 花芽《かが》を食べる鳥のウソや、蜜を吸っても花粉を運ばず花を落としてしまうスズメもいる。
- 葉を食い荒《あ》らす虫がいる。
- アブラムシは葉や茎《くき》から汁を吸う。
- 弱った木の部位に感染《かんせん》して木を分解する菌類《きんるい》がいる。
- つる植物に覆《おお》われると葉に光が届かずたいへん。
- ヤドリギは養分《ようぶん》をうばってしまう。
- シカは新芽《しんめ》を食べて、枝を折ったり、幹をかじったりする。

アブラムシとテントウムシ
シカ
ナラタケ
モドキなど
桜は人だけのものではないぞ。

桜には多様な生きものの
命がかかわっている。
鳥がついばんでくれれば、
虫の異常繁殖《いじょうはんしょく》はおこりにくい。
葉を土にもどせば、
ミミズが土をやわらかくしてくれる。
生態系のバランスが重要じゃ。

2本の桜をくらべてみよう

笑っている？　泣いている？
桜の声を聞いてみよう

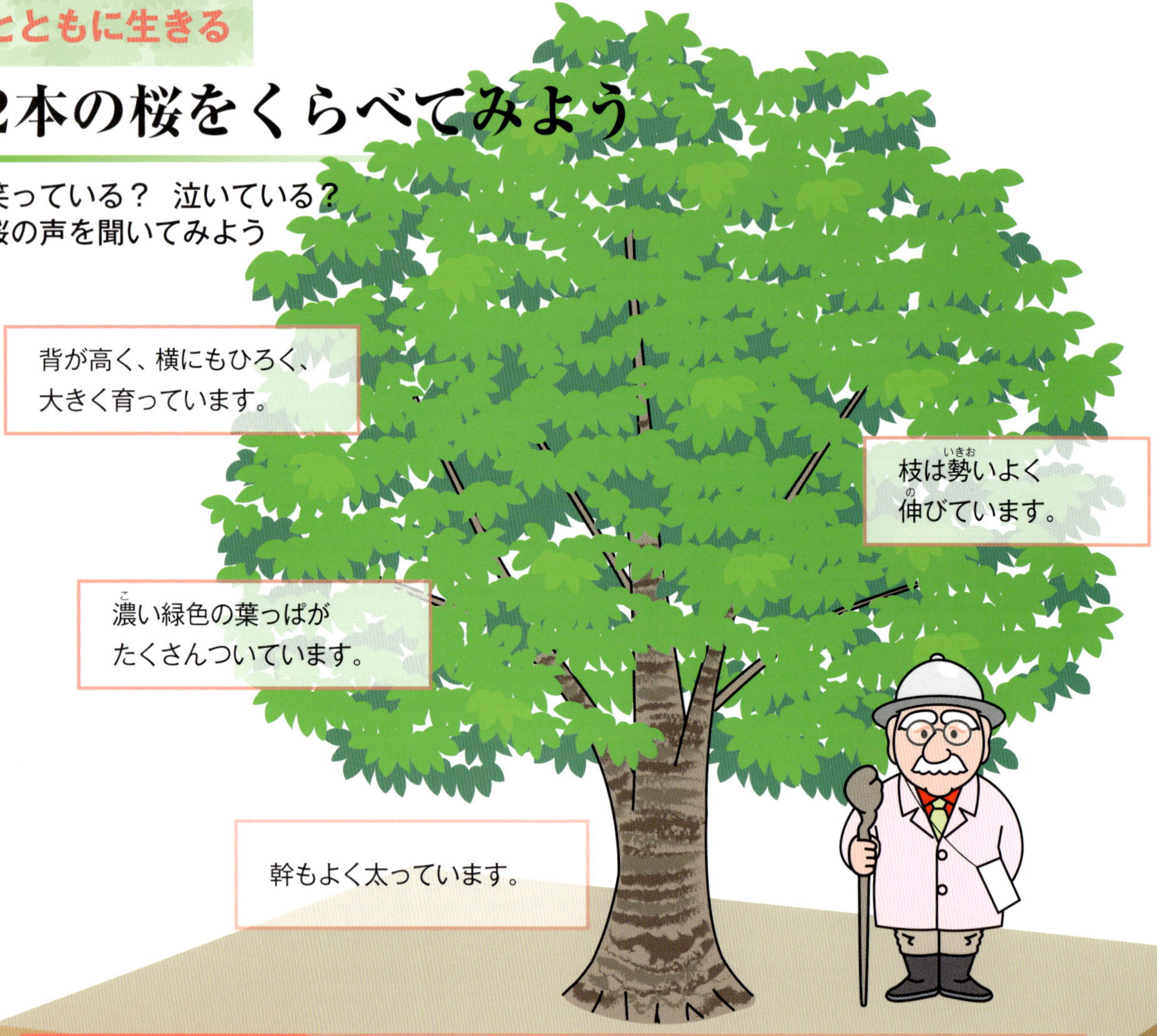
背が高く、横にもひろく、
大きく育っています。
枝は勢《いきお》いよく
伸《の》びています。
濃《こ》い緑色の葉っぱが
たくさんついています。
幹もよく太っています。

元気な桜　こんな桜は、笑っています

枝が枯《か》れています。

葉っぱは少ししか
ついていません。

幹や枝にはつやがなく、
ほとんど成長していません。

弱った桜　こんな桜は、泣いています

2本の桜はなぜ違う？

光・水・土・風……まわりを見ると
桜のことが見えてきます

元気な桜

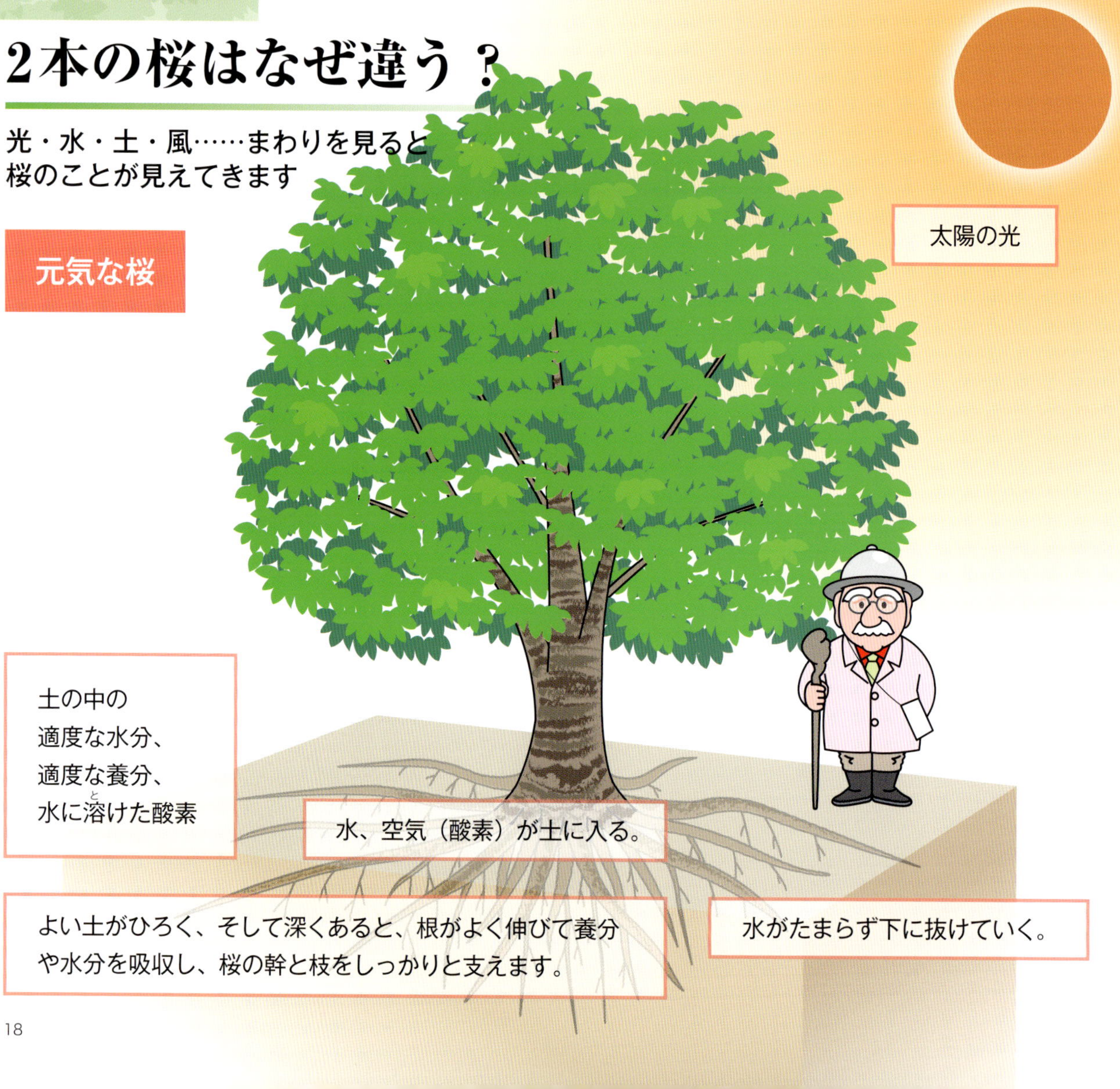
太陽の光
土の中の
適度な水分、
適度な養分、
水に溶《と》けた酸素
水、空気（酸素）が土に入る。
よい土がひろく、そして深くあると、根がよく伸びて養分や水分を吸収し、桜の幹と枝をしっかりと支えます。
水がたまらず下に抜けていく。

弱った桜

まわりの環境を観察したり、土の中を調べてみると、成長の違いの原因がよくわかります。

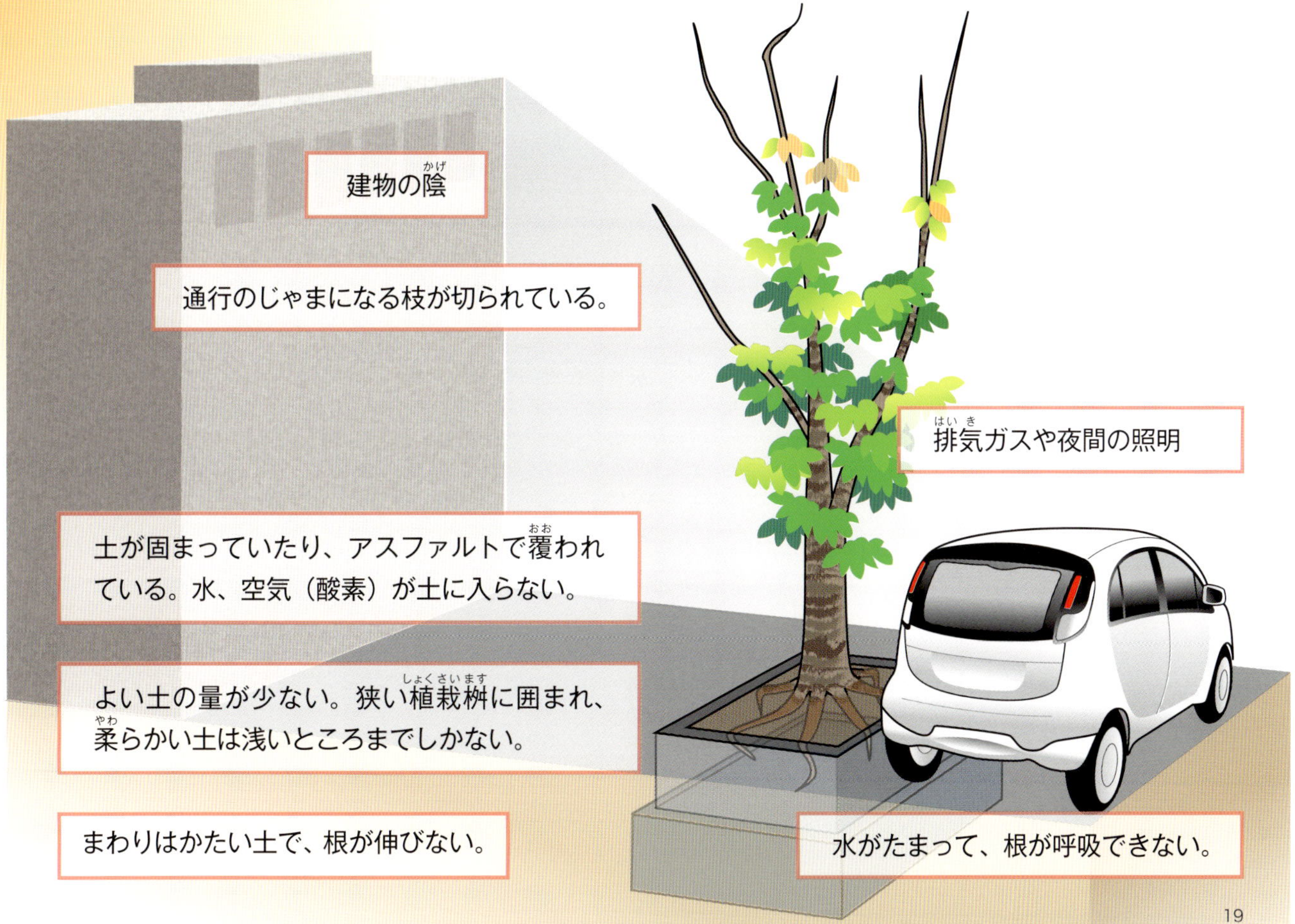
建物の陰《かげ》
通行のじゃまになる枝が切られている。
排気《はいき》ガスや夜間の照明
土が固まっていたり、アスファルトで覆《おお》われている。水、空気（酸素）が土に入らない。
よい土の量が少ない。狭い植栽桝《しょくさいます》に囲まれ、柔《やわ》らかい土は浅いところまでしかない。
まわりはかたい土で、根が伸びない。
水がたまって、根が呼吸できない。

コラム① 美しい風景としての桜

森本幸裕 （京都学園大学バイオ環境学部教授、京都大学名誉教授）

「桜って弱いんですか？」、「寿命《じゅみょう》はどのくらい？」、「腐《くさ》ったウロ（洞）はどうすれば？」という質問をよくもらいます。でも、これらに一言で答えるのはかんたんではありません。弱っている桜をなんとかしたい、という思いは大事ですが、美しい風景の維持《いじ》には、その桜の木の状態だけでなく、ほかの生きものや環境にも目を向けないといけないのです。

まず、野生の生きものに「強い」、「弱い」はありません。弱肉強食《じゃくにくきょうしょく》がいつも成り立つなら、地球には「強い」生きものしかいなくなってしまうはずですが、そんなことはないですね。弱そうに見える生きものも、自分の遺伝子《いでんし》を継承《けいしょう》する戦略をしっかりもっているのです。

みなさんは庭の桜や名所の桜を見ることが多いでしょう。でも開花時期になると、だれも植えたおぼえのない山にもヤマザクラやカスミザクラなど野生の桜が点在《てんざい》する姿が遠くからでもわかります。桜の花は小鳥のメジロも大好きな蜜《みつ》を出して、受粉《じゅふん》を助けてもらいます。種子《しゅし》は小さいのをたくさんではなく、大きくて果肉をつけた種子を少しつくって、小鳥や小動物にばらまいてもらいます。種子は大きいので、栄養があって芽生えが速く成長しますが、数が少ないので桜だけの森にはなりません。

大木が倒れたり伐採《ばっさい》されたあとなら、日当たりがよくなって成長速度が速くなります。まわりのほかの種類の木に負けずに成長して、花を咲かせる親木《おやぎ》に育ちます。でも日当たりがよくないとアラカシに負けるし、湿《しめ》っているとハンノキに負けてしまいます。つまり、たくさん子どもをつくれないし、日かげや水の多い環境は不得意ですが、けっして弱くはないのです。

「寿命」もあってないようなものです。奈良県の吉野山のように、たくさん植栽《しょくさい》して桜の森のようになると、どうしても互いに日かげをつくりあって、下枝から枯《か》れ上がるので短命になり、樹齢《じゅれい》100年を超すヤマザクラはほとんどありません。でも、太陽をひとりじめにしているヤマザクラのなかには樹齢500年を超す木もあります。岩手県盛岡市にある巨大な花崗岩《かこうがん》の割れ目に生えている「石割桜《いしわりざくら》」も孤立木で、樹齢360年といわれます。エドヒガンには1,000年を超す木もありますが、長寿の桜の木はすべて孤立木です。

枯れ枝のあとが腐って「ウロ」ができると、そこからどんどん枯れ込んでしまうことがあるので、腐朽《ふきゅう》の進行を防ぐために洗浄《せんじょう》して防腐剤《ぼうふざい》をつかうこともあります。でも、このウロには、たいへんめずらしいチョウであるキマダラルリツバメの幼虫がハシブトシリアゲアリというアリと共生していることがあるので要注意です。東京都小金井市の玉川上水に沿って植えられたヤマザクラ並木も江戸時代から名所ですが、ここを描いた歌川広重《うたがわひろしげ》の錦絵《にしきえ》は「古木の貫通《かんつう》したウロをとおして富士山を望む」構図です。遠くに元気なヤマザクラ

キマダラルリツバメ

環境省が準絶滅危惧種（じゅんぜつめつきぐしゅ）に指定しているシジミチョウの仲間。この幼虫は、ウロのあるサクラ類やキリの古木に住むハシブトシリアゲアリに甘い蜜をあげる代わりに守ってもらう「共生」の関係にある（写真提供 友田達也）

歌川広重『冨士三十六景』「武蔵小金井」

江戸幕府の新田開発と飲料水を供給する玉川上水の両岸のヤマザクラの並木は、1737年（元文2年）に植えられた。多くの文人も訪れる名所となり、枯れると若木を植えて受け継がれてきた。歌川広重の晩年の作品『冨士三十六景』の「武蔵小金井」には玉川上水の老桜のウロから望む富士山とともに若木も描かれている（出典 国立国会図書館ウェブサイト）

も描かれていることで、世代交代の時期を迎えようとしている古木のウロも、歴史を感じさせる一種の風情《ふぜい》ととらえられることを教えてくれます。

現実には、かたくて水はけのわるい土地に植えられたり、根元《ねもと》まわりを花見客に踏みつけられて「助けてくれ」と悲鳴《ひめい》をあげている桜が多い一方で、となりで大きくなった常緑樹《じょうりょくじゅ》に気づかずに、一所懸命《いっしょけんめい》に土壌改良《どじょうかいりょう》したうえに肥料《ひりょう》を与えてメタボにした結果、日照不良《にっしょうふりょう》に病気も加わって衰退《すいたい》を早めている事例も見うけます。読者には桜をとおして、ほかの生物や環境にも思いを馳《は》せ、「桜のある美しい風景を次世代に継承《けいしょう》する」視点を大事にしてほしいと思います。

サクラ属

それぞれの特徴を知ろう

この植物図鑑、おかしいよ。こんなにぶ厚い本なのに、サクラがのっていないもの。

図鑑はおかしくないぞ。じつは、「サクラ」という名前の桜があるわけではない。ヤマザクラや‘染井吉野’など、いろいろな種類の桜があるから、図鑑ではそれぞれの桜の名前で調べる必要がある。たくさんの種類の桜をまとめて、サクラ属やサクラ類、あるいはたんにサクラとよぶのじゃ。

代表的な特徴

- 秋になると葉を落とす、背が高くなる木（落葉高木《らくようこうぼく》、落葉小高木）
- 幹には横すじ（皮目《ひもく》）が入る（エドヒガンを除《のぞ》く）
- 葉は枝に互い違いにつく（互生《ごせい》）
- 葉の縁《ふち》には細かなギザギザ（鋸歯《きょし》）がある
- 葉の基部《きぶ》や柄《え》に蜜が出るところ（蜜腺《みつせん》）がある
- 花には柄（花柄《かへい》）がある
- 花びらが落ちたあとに、さくらんぼ形《がた》の実がなる

皮目

皮目といって、幹はここから空気を取り込んで呼吸しているんじゃ。

葉の互生

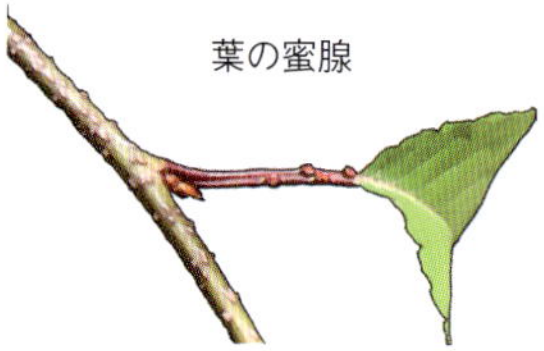

葉の蜜腺

さくらんぼ形の実

野生種

この本では、野生種はヤマザクラやエドヒガンのようにカタカナで書いています。

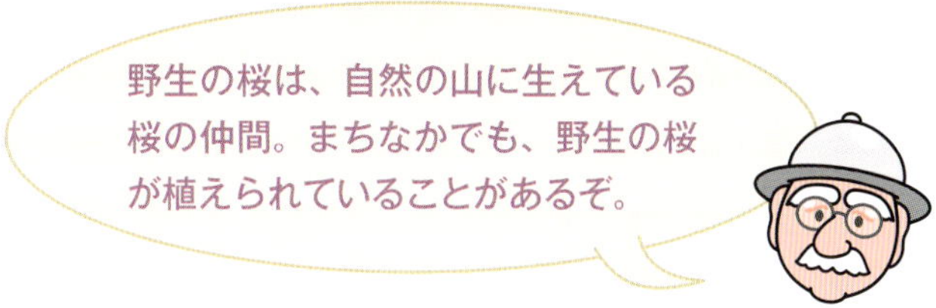
野生の桜は、自然の山に生えている桜の仲間。まちなかでも、野生の桜が植えられていることがあるぞ。

自然界では山が崩《くず》れたり、大木が倒《たお》れたりして森の中に明るい場所ができると、そこで芽ばえて大きくなります。種は鳥によって運ばれます。

栽培品種

この本では、栽培品種は‘染井吉野’や‘関山’のように‘ ’で囲んで書いています。

栽培品種《さいばいひんしゅ》のつくり方

左の桜の花粉を、右の桜につける（交配《こうはい》する）とどうなるでしょうか。

父
母
子
栽培品種の桜は、美しい花を咲かせる桜を探してきたり、交配したりして、人の手によってふやした桜の仲間。栽培品種も元をたどれば、すべて野生種にいきつくぞ。

父と母から遺伝子《いでんし》を受け継いだ桜ができます。きれいな花を咲かせるなど、これまでにない桜ができたときには、栽培品種として名前をつけ、桜を残します。

桜の種類の見分け方

花の咲いている時期に見分けないと、細かな分類はできないぞ。

人の顔や性格が違うように、桜にも種や品種の個性があります

桜の種類を見分けるには、つぎのポイントに注目してみましょう。

花びら（花弁《かべん》）の数

● 花びらが5枚の咲き方を一重《ひとえ》咲き、花びらが多いものを八重《やえ》咲き、とくに多いものを菊《きく》咲きといいます。

5枚
ヤマザクラなどの野生種、‘染井吉野’などの栽培品種

13～30枚
‘八重紅枝垂’など

27～35枚
‘関山’など

200～350枚
‘兼六園菊桜’など

花びらが200枚もある桜もあるんだね。

花の咲く時期

● ‘染井吉野’よりも早く咲くか、同じころに咲くか、遅く咲くか、秋から冬にかけても咲くか？

花と若葉の開くタイミング

● 花が先に開くか、花と葉がほぼ同時に開くか、葉が先に開くか？

葉と花が同時に開く（ヤマザクラ）

花だけが先に開く（‘染井吉野’）

花のつけ根（萼《がく》）の形と毛

● 萼《がく》の筒《つつ》のようになっている部分（萼筒《がくとう》）の形と毛の有無

● 萼の先の分かれている部分（萼片《がくへん》）の形と大きさ、縁のギザギザ模様の違い

チョウジザクラの萼筒と萼片

‘八重紅枝垂’の萼筒と萼片

ヤマザクラの萼筒と萼片

めしべ

●本数（1本、2本、3本以上）と色、葉に変化しているかどうか、おしべより長いか短いか

‘松月’ふつう2本で葉に変化

‘二尊院普賢象’ふつう2本で葉に変化

‘滝香’おしべより短い

‘雨情枝垂’おしべより長い

葉

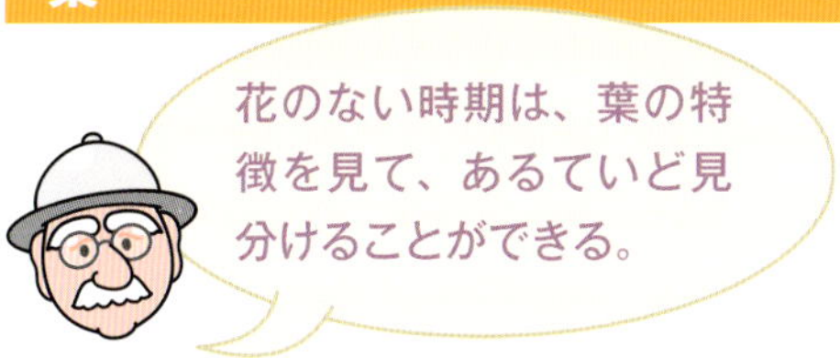
花のない時期は、葉の特徴を見て、あるていど見分けることができる。

●葉の形

●葉の裏の色や光《こう》沢《たく》、毛の有無

●葉柄《ようへい》の毛の有無、毛の長さと向き

●葉のふちのギザギザ模様（鋸歯《きょし》）

‘染井吉野’

ヤマザクラ

ヤマザクラの葉の裏面

オオシマザクラ

オオヤマザクラの葉と裏面

桜を見分けるのにべんりな本『サクラハンドブック』大原隆明著　文一総合出版　2009

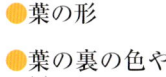

野生種

地域に根ざす桜

日本には、エドヒガン、ヤマザクラ、オオヤマザクラ、カスミザクラ、オオシマザクラ、マメザクラ、タカネザクラ、チョウジザクラ、ミヤマザクラという9種※の野生の桜があります。よく目にする4種を紹介します。

※南西諸島のカンヒザクラを野生と考えて、10種とすることもあります

これらの野生種は、遠く離れたところに生えていたり、花の咲く時期が異なったりすると、互いに混ざりあう（交雑《こうざつ》する）ことはない。しかし、違う種《しゅ》の桜どうしでも、近くで同じ時期に花を咲かせると、花粉が虫や鳥に運ばれて雑種《ざっしゅ》ができることがある。

エドヒガン　江戸彼岸

本州、四国、九州に分布するが、自然に生えている場所はかぎられる。大きな川沿いの斜面《しゃめん》に生えていることが多い。くびれた壺《つぼ》のような萼筒《がくとう》をもっており、葉が出るまえに花が咲く。神代桜《じんだいざくら》（山梨県）など、長寿の木もたくさんある。

ヤマザクラ　山桜

本州、四国、九州に分布する。古くから愛《め》でられてきた桜で、西日本ではもっとも一般的な野生の桜。白い花と同時に、赤茶色の若葉が開く。奈良県吉野山の桜はほとんどがヤマザクラで、地元ではシロヤマザクラとよばれる。

オオヤマザクラ　大山桜

北海道、本州、四国に分布する。とくに北海道では代表的な桜で、エゾヤマザクラとよばれる。ヤマザクラよりも赤みの強い花や若葉で、ベニヤマザクラともよばれる。芽の外側はさわるとねばりけがある。

オオシマザクラ　大島桜

伊豆から房総《ぼうそう》半島の海沿いに分布する。東北地方よりも南では、栽培していた木が野生化したものがみられる。花は大きく、香りがあり、多くの栽培品種の親になっている。桜餅《さくらもち》の葉は、オオシマザクラの葉を塩漬《づ》けしたもの。

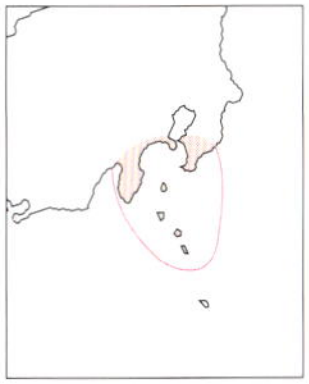

桜は種《しゅ》が違っていても混ざりあい、子をつくりやすい性質があるので、多くの栽培品種を生みだすことに成功した。しかし、自然界ではありえない混ざり方をする危険性（遺伝子《いでんし》かく乱）もあるので、自然の中や自然に近い場所で桜を植えるときには、桜の自然の分布状況を考えて、その地域の遺伝子をもっている地元の野生の桜から種をとって育てた苗《なえ》を植えることが重要じゃ。

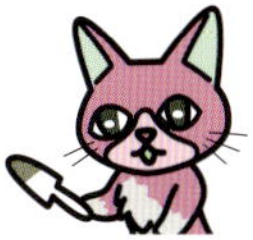

自然が豊かな場所に植えるときは、
気をつけないといけないね。

栽培品種（園芸品種）

人の手で美しさをつなぐ桜

早咲き………‘染井吉野’よりも早く咲く
同時期………‘染井吉野’と同じころに咲く
遅咲き………‘染井吉野’よりも遅く咲く
二季咲き……秋と春に咲く

早咲き　**寒桜《かんざくら》**

東京では1月に咲きはじめることもある早咲きの品種

早咲き　**河津桜《かわづざくら》**

静岡県河津町で発見された早咲きの品種

同時期　**枝垂桜《しだれざくら》**

エドヒガンの枝が下に垂れる品種で、古くから栽培される。‘糸桜’ともよばれる

同時期　**染井吉野《そめいよしの》**

現在、もっともたくさん植えられている品種

同時期　**八重紅枝垂《やえべにしだれ》**

エドヒガンの枝が下に垂れ、赤みのある八重咲きの花が咲く品種で、古くから栽培される

遅咲き　**陽光《ようこう》**

‘天城吉野’（あまぎよしの）とカンヒザクラからつくられた。色の濃い大きな一重咲きの花がたくさんつく

遅咲き　**一葉《いちよう》**

めしべが1本で下部が葉に変化する花が多いことから、この名がつけられた

遅咲き　**松月《しょうげつ》**

若葉の緑と明るい花の色の対比がさわやかな八重咲きの品種

‘染井吉野’は、江戸時代末期に江戸の染井村の植木屋が売りだし、日本各地にひろまった。エドヒガンとオオシマザクラがおもに関わって生まれたが、近年の遺伝解析《かいせき》ではヤマザクラも関係していることがわかった。その誕生にはまだ謎が残っている。

栽培品種は300種類以上もある。栽培品種は、接《つ》ぎ木などの方法をもちいて、人の手で受け継ぐ必要があることから、過去にとだえてしまった品種もある。

遅咲き **天《あま》の川《がわ》**

上に向かって枝が伸び、花も上向きにつく。花の香りがよい

遅咲き **匂桜《においざくら》**

花の香りがよい桜

遅咲き **普賢象《ふげんぞう》**

葉に変化した2本のめしべが、普賢菩薩の乗る白い象に見えることから名づけられた

遅咲き **関山《かんざん》**

濃い赤色の大きな八重咲きの花

遅咲き **鬱金《うこん》**

桜ではめずらしく、淡い黄色の花をつける

遅咲き **御衣黄《ぎょいこう》**

花の色がうすい緑色のめずらしい桜

遅咲き **兼六園菊桜《けんろくえんきくざくら》**

花びらの数が多く、300枚以上の花もある

二季咲き **十月桜《じゅうがつざくら》**

10月ころから春まで八重咲きの花が咲く

いろんな桜があるね。

二季咲き **子福桜《こぶくざくら》**

1つの柄に2個以上の実がつくものが多い

桜の一年

花を咲かせ、実をつけようと一年をとおして変化しています

春

春になると芽ぶき、花や葉が開いて、枝や根を伸《の》ばしはじめます。成長には、前年に蓄《たくわ》えた貯蔵物質《ちょぞうぶっしつ》をつかいます。

夏

春から夏に緑の葉をひろげ、枝や根を伸ばして幹を太らせます。さかんに成長する時期です。この時期は貯蔵物質が少なくなっているので、枝や根をたくさん切ると木が弱ってしまいます。

5～6月には、実が赤色から黒色に変わり熟《じゅく》します。中に種が入っていて、鳥に食べられて地面に落ちた種は、春になると芽を出します。

夏の終わりころから葉が黄色や赤色になって、少しずつ落ちはじめるぞ。

桜の秋は、ちょっと早いんだね。

秋

夏から秋にかけて、翌年のために芽を準備し、木の中に貯蔵物質を蓄えます。秋には不要になった葉を落とし、幹や枝が凍《こお》って裂《さ》けないように樹液《じゅえき》の濃度《のうど》を高めるなど、寒さのきびしい冬にそなえます。

冬

寒さに耐《た》えられるようになった桜は、春がくるのを待ちます。

冬の寒さを経験したあと、暖かくなることで桜は春を知るのじゃ。

桜の一生

桜の一生はドラマのようです

鳥が桜の実（さくらんぼ）を食べます。

鳥のお腹を通って、種がフンといっしょに落ちます。

条件のよい場所に落ちた種だけが芽《め》ばえることができます。

芽ばえ

ぶじに芽ばえることができても、動物に食べられたり、草のかげで枯《か》れたり、生き残るものはわずかです。

幼木

成長が旺盛《おうせい》な年代。
数年は花をつけません。

草に覆《おお》われて枯れることは少なくなりますが、動物に食べられたり、折られたりすることがあります。

若木

成長が旺盛な年代。
少しずつ花をつける量がふえます。

若木《わかぎ》や成木《せいぼく》のころは、元気いっぱい。
枯れる心配は少ないです。

成木

枝、葉、根をいっぱいにひろげる。
たくさんの花をつけます。

老木

枝や根、幹の成長はにぶります。
花は多いが、最盛期《さいせいき》ほどではありません。
枯れ枝がふえ、幹にウロができることもあります。

老木は、ほかの多くの生きもののすみかになってにぎやかじゃ。

となりに木や建物があると、横に成長できません。まわりの木に囲まれて、ひょろひょろと上に伸《の》びた桜は、やがて弱って枯れてしまいます。

大きな体を維持するため、若木のときほど成長できなくなります。病気にかかったり、風で枝が折れることもふえます。

木のしくみ

木はどのようにして生きているのだろう

根や幹、枝、葉の役わり

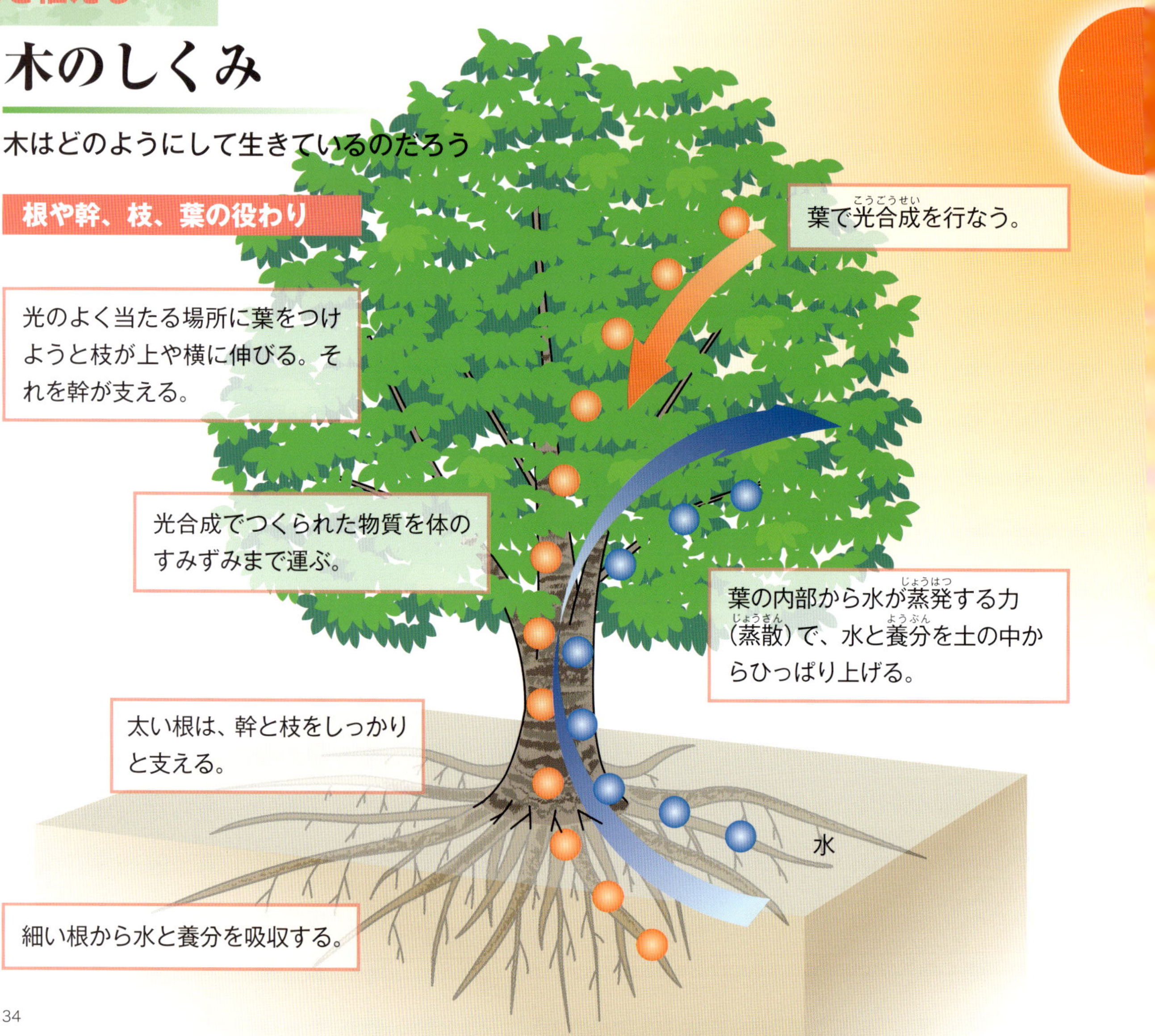
葉で光合成《こうごうせい》を行なう。
光のよく当たる場所に葉をつけようと枝が上や横に伸びる。それを幹が支える。
光合成でつくられた物質を体のすみずみまで運ぶ。
葉の内部から水が蒸発《じょうはつ》する力（蒸散《じょうさん》）で、水と養分《ようぶん》を土の中からひっぱり上げる。
太い根は、幹と枝をしっかりと支える。
水
細い根から水と養分を吸収する。

光合成

植物が自分のからだをつくるには、光合成をする必要があります。二酸化炭素は空気から取り入れることができるので、光を浴《あ》びること、根から水を吸い上げることがとくにたいせつです。

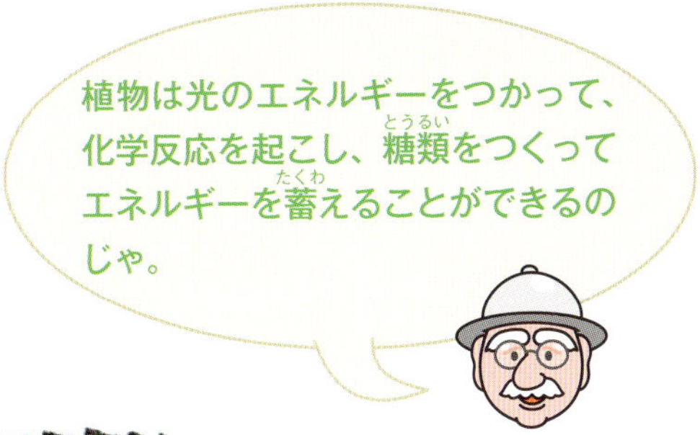

植物は光のエネルギーをつかって、化学反応を起こし、糖類《とうるい》をつくってエネルギーを蓄《たくわ》えることができるのじゃ。

光合成の全体の反応式

$6CO_2$（二酸化炭素）＋ $12H_2O$（水）
＋光エネルギー

↓

$C_6H_{12}O_6$（ブドウ糖）＋ $6H_2O$（水）
＋ $6O_2$（酸素）

植物は、太陽光のエネルギーを利用して、二酸化炭素と水から糖類をつくります。このとき、水と酸素も排《はい》出《しゅつ》されます。

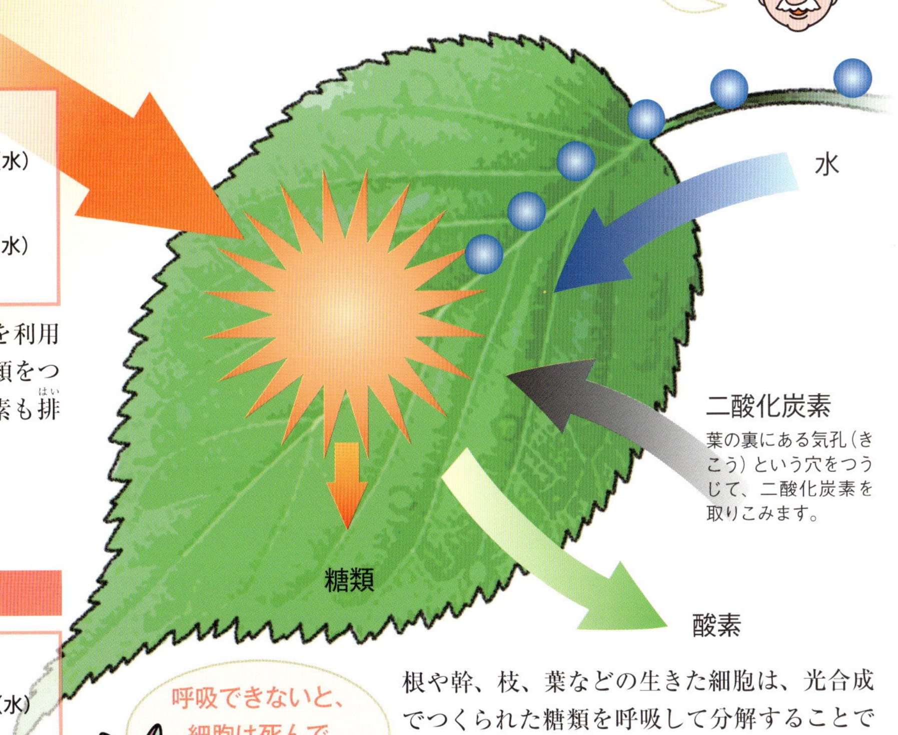

水
二酸化炭素
葉の裏にある気孔（きこう）という穴をつうじて、二酸化炭素を取りこみます。
糖類
酸素

呼吸

呼吸の全体の反応式

$C_6H_{12}O_6$（ブドウ糖）＋ $6H_2O$（水）
＋ $6O_2$（酸素）

↓

$6CO_2$（二酸化炭素）＋ $12H_2O$（水）
＋化学エネルギー

呼吸できないと、細胞は死んでしまうんだね。

根や幹、枝、葉などの生きた細胞は、光合成でつくられた糖類を呼吸して分解することでエネルギーを得ています。このエネルギーと、根から吸収した水や養分をつかって、生命を維持《いじ》し、新しい細胞をつくります。

桜の殖やし方

種から殖《ふ》やす、枝から殖やす

種から殖やす

自然界では虫や鳥の助けを借りて、子どもをつくるんだね。

ハチなどの虫がおしべの花粉をめしべに運び、受粉《じゅふん》させます。

花が落ちたあと、子房《しぼう》がふくらみ、5～6月に桜の実（さくらんぼ）をつけます。実の中に種が入っています。

自然界では、鳥がさくらんぼのやわらかいところ（果肉）を食べて、フンとともに種を落とします。果肉がなくなると、種から芽が出るようになります。鳥のおかげで種が遠くに運ばれるのです。

人の手で種から殖やすには

桜の実は、果肉がついていると発芽《はつが》しないので、果肉を手で取りのぞきます。あみ目の袋に入れて2週間ほど土の中に埋めておいても果肉はとれます。

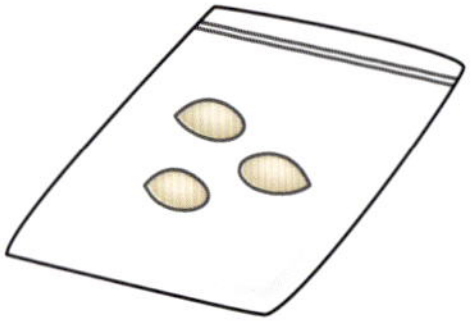

種を水であらって新聞紙の上で1日乾燥《かんそう》させ、ビニール袋に入れて冷蔵庫で保管します。

秋から冬に種をまきます。

春になると芽を出します。

若い枝から殖やす

挿《さ》し木

若い枝を湿《しめ》った土にさし、枝の切り口から根を出す方法。

接《つ》ぎ木

穂木《ほぎ》にする若い枝を台木《だいぎ》につぎ、台木の根をいかして育てる方法。

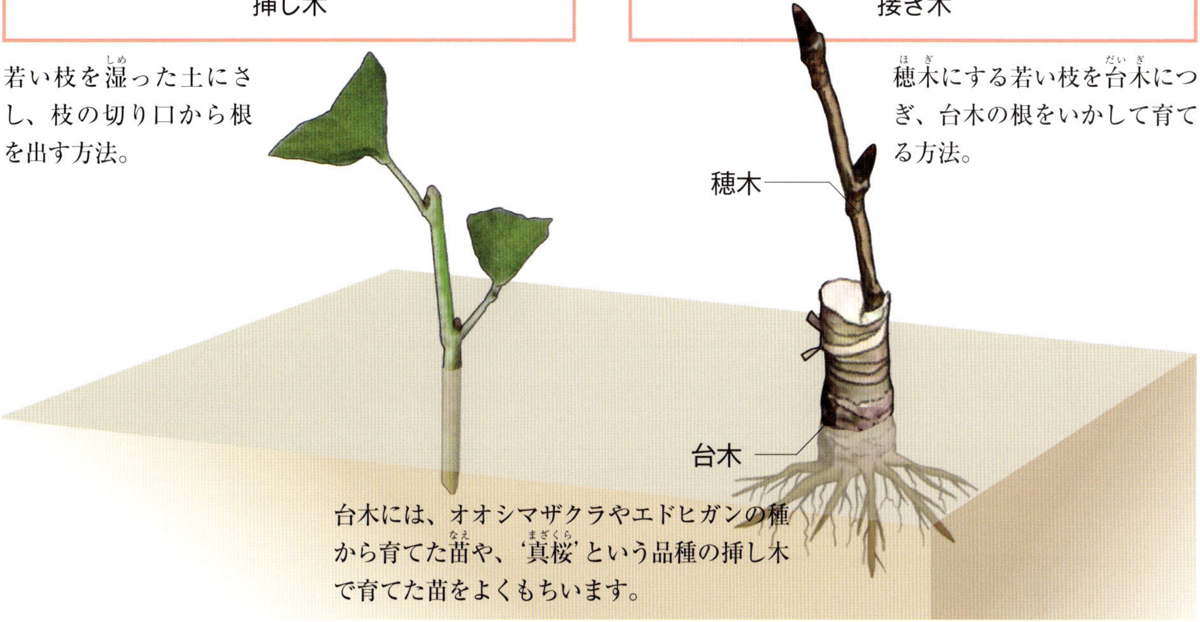

台木には、オオシマザクラやエドヒガンの種から育てた苗《なえ》や、'真桜《まざくら》'という品種の挿し木で育てた苗をよくもちいます。

種から育てると……

　母親と父親の遺伝子《いでんし》が混ざりあって、子どもに伝えられます。親と遺伝子が異《こと》なるので、親とはすこし違う花が咲くこともあります。母親と父親が同じでも、混ざり方はいつも異なるので、子どもはすべて違う遺伝子になります。自然界では、さまざまな個性の子どもが生まれたほうが、種として生き残りやすいので、ヤマザクラなどの野生種の桜をふやすのに適した方法です。

若い枝から育てると……

　親のからだの一部をもとに、分身を育てます。分身の遺伝子は親と同じ（クローン）なので、同じ特徴の花を咲かせます。栽培品種の桜をふやすのに適した方法です。

根の違い

殖やし方、育て方で根も変わる

苗によって違う根の育ち方

種からしぜんに根を伸ばした桜は強くなるんだね。
根巻きして売られている苗の根の状態がこれじゃ。

種《たね》から育てた苗（実生苗《みしょうなえ》）をそのまま育てた場合

下や横に伸びる根が発達《はったつ》するため、倒《たお》れにくく、枯れにくい苗に成長します。しかし、苗が大きくなると、根がまばらにひろがるため、植えかえにくくなります。下に伸びる根（直根《ちょっこん》）のよさをいかすためには、苗が小さいときに植えかえるとよいでしょう。

種から育てた苗（実生苗）を植えかえのために床替《とこが》えをして育てた場合

苗を掘りあげて長い根を切って植え直す作業（床替え）を毎年すると、根元《ねもと》に細い根がたくさん生えた苗に成長します。根が狭《せま》い範囲《はんい》に出ているので、苗を植えかえるのに適しています。

しかし、地中深くにまで伸びる直根は少ないので、倒れやすく、水不足になると枯れやすい欠点《けってん》があります。

根の育ち方って重要だね。
根がルーピングしている苗はあまりよくないが、ポット苗ではよくあることじゃ。

挿《さ》し木で育てた苗（挿し木苗）

挿し木の切り口から横に伸びる根がたくさん出ます。地中深くまで伸びる直根は少ないので、倒れやすく、水不足になると枯れやすい欠点があります。

鉢《はち》で育てた苗（ポット苗）

鉢（ポット）の中で長いあいだ育てると、根がポットの中でグルグルと巻いてしまいます。これをルーピングといいます。植える場所と鉢の中の土の性質《せいしつ》が違うと、根は巻いたままで外に伸びにくくなる欠点があります。

根の伸び方

元気に成長するポイントは根

根がひろく深く伸びると、それだけ水や養分をたくさん吸収できるようになります。根が伸びると、桜のからだが大きくなるのです。そして、桜がりっぱに育つには、根を伸ばせるたくさんの土が必要です。

木の根はどこまで伸びるの？

木の根は、水と新鮮な空気（酸素）を求めて伸びつづける。まわりによい土があれば、木の枝がひろがっている範囲を超えて遠くまでひろがるぞ。

深さ50cm、場合によっては1mまでのところに、水や養分を吸収するための細い根がたくさん生えています。幹を支える太い根は、1.5mから2mよりも深いところにまで入り込みます。深いところほど、土はかたくなり、酸素も少なくなるので、下に伸びるのは、横に伸びるほどかんたんではありません。

かたい土では根が伸びない

土がかたいと根は伸びません。根がきゅうくつに閉じ込められていると、老廃物《ろうはいぶつ》がたまるなどして根のはたらきがわるくなり、桜は弱っていきます。木の根の近くをたくさんの人が歩いたり、車が通ったりすると、土がかたくなって根は伸びなくなります。水や新鮮《しんせん》な空気も入ってこなくなります。

土がかたいときは、深くまで掘りおこして、やわらかくしてから植えよう。よい堆肥《たいひ》を混ぜ入れると土がやわらかくなる効果があるぞ。ミミズなどの土の中の生きものも土をやわらかくしてくれる。落ち葉や枯れ枝は、土の中の生きものの食べものになるから、掃除《そうじ》をして片づけてしまわないことがたいせつじゃ。

植えるときは成長後の根のひろがりも考えて、土の準備をしましょう。できるだけひろく、深い範囲によい土を用意すると、木が大きく元気に育ちます。桜1本について、幹を中心に半径5mの範囲で深さ1mによい土があるとよいでしょう。

土

やわらかさ、湿りやすさ、水はけのよさ、養分

よい土ってどんな土

森の土のようにふかふかで、やわらかくて、水をやればしっとりと湿り、それでいて水が抜けやすい（空気が通りやすい）土が理想的です。ほかにもよい土の条件はいろいろありますが、まずは土のやわらかさ、水もちのよさ、水はけのよさの3つがたいせつです。

土の養分は適度にあればよいでしょう。植える場所に草がしげっていれば、土がじゅうぶんに肥《こ》えていることがわかります。

肥料を与えすぎないで

一部の本には、時期がくればかならず肥料《ひりょう》を与えるようにと書いてあります。そのほうが速く大きく育つので、よさそうに思えます。しかし、肥料にたよって育てると根がじゅうぶんに伸びないので、弱りやすく、枯れやすい桜になってしまいます。

肥料を与えすぎると、ナラタケ類などの菌類《きんるい》の被害《ひがい》を大きくしたり、水を汚染《おせん》します。土の生態系のバランスも崩《くず》します。自然界では落ち葉などが土の生きものによって分解され、養分が供給されていることを思い出してください。養分の少ない土には、よい堆肥を混ぜ入れ、肥料は少しだけ与えるのがよいでしょう。

水はけのよさを確かめてみよう

深さ30cmの穴を掘り、水を穴いっぱいに入れます。1日たってもまだ水がたまっていれば、水はけがわるい場所です。水はけのわるい場所は、桜を植えても元気に育ちません。それでも植えたければ、水を外に流す通り道を地中につくったり、小山をつくって高いところに桜を植えたりします。

水

乾《かわ》きやすい、水がたまりやすいところは要注意

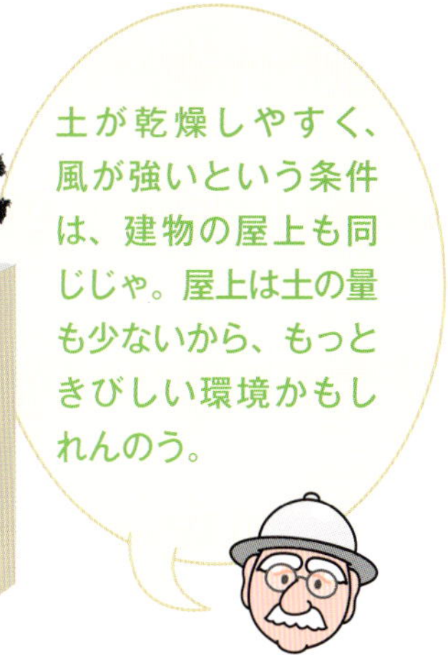
土が乾燥しやすく、風が強いという条件は、建物の屋上も同じじゃ。屋上は土の量も少ないから、もっときびしい環境かもしれんのう。

尾根は乾燥しやすい

山の峰《みね》、尾根《おね》付近は土が乾燥しやすい場所です。日当たりはよく、光の条件は桜に適していますが、水が不足しやすい場所なので注意が必要です。

風があたりやすい場所では、葉や枝、幹からも水が蒸発して乾燥するので、大きく育ちません。

谷には水がたまりやすい場所がある

水がたまりやすいところでは、根は息ができずに枯れてしまいます。桜を植えるのに適しません。

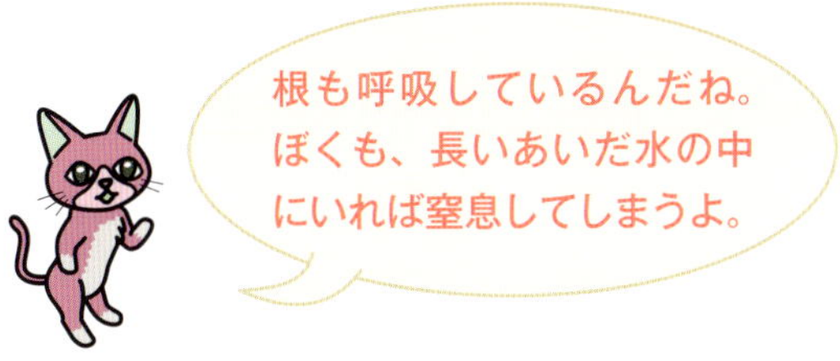
根も呼吸しているんだね。ぼくも、長いあいだ水の中にいれば窒息してしまうよ。

平地では地下水の高さに注意

地下水位が高いと、根が窒息《ちっそく》して枯れてしまいます。確かめるには、土をできるだけ深く掘って、土の状態を見ます。青みがかった灰色の粘土《ねんど》で、水がしみ出ていれば、水はけがわるく、地下水位も高いことがわかります。このような場所に桜を植えても、枯れてしまいます。

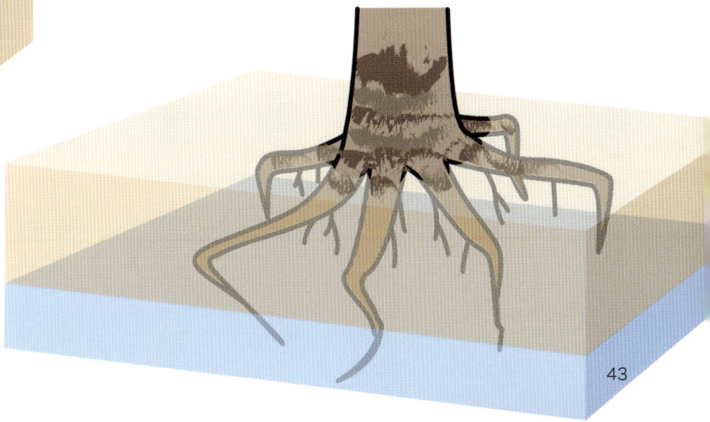

光

明るい日ざしが大好物

日かげに立つ木は、まわりの木に負けて、いまにも枯れそうじゃな。

山の桜も
並木の桜も
孤立《こりつ》した木は

光を得る競争ははげしく、木は少しでも高く枝を伸ばそうとします。日の当たるところに、ほかの木よりも多くの葉をひろげることができれば、その木はよく成長できます。競争に負けた桜は、弱って枯れてしまいます。

ひろいところに１本だけで立っている木は、光をたっぷり浴びることができます。元気で、長生きする木が多いです。

高い建物の北側や谷の底は、一日中太陽の光が当たりにくいので、成長が悪くなります。

空間

50年後の成長を想像しましょう

　じゅうぶんな間隔《かんかく》をあけずに植えられた木は細長く育って、風で倒れやすくなります。葉は上のほうに少ししかつかないので、成長はよくありません。病害虫《びょうがいちゅう》に抵抗《ていこう》する物質や、被害を修復《しゅうふく》する物質をじゅうぶんに生産できないため、病害虫の被害を受けやすくなります。花も木の上部にしかつかないので、下からはよく見えません。

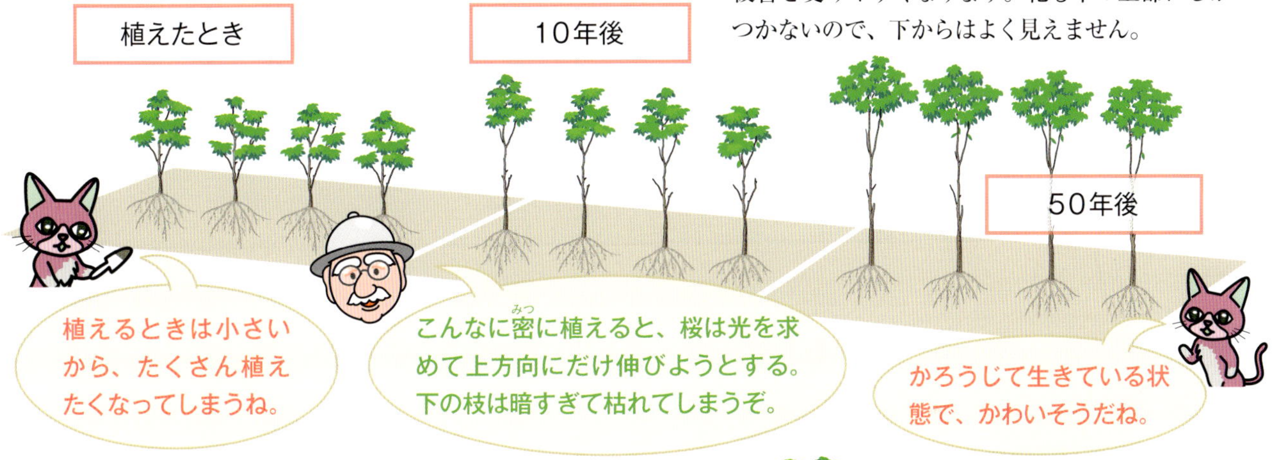
植えたとき
10年後
50年後
植えるときは小さいから、たくさん植えたくなってしまうね。
こんなに密《みつ》に植えると、桜は光を求めて上方向にだけ伸びようとする。下の枝は暗すぎて枯れてしまうぞ。
かろうじて生きている状態で、かわいそうだね。

植えたとき
50年後

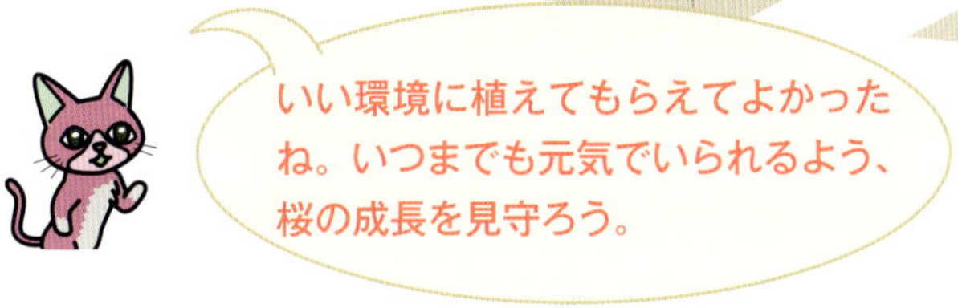
いい環境に植えてもらえてよかったね。いつまでも元気でいられるよう、桜の成長を見守ろう。

　じゅうぶんな間隔をあけて植えることがたいせつです。高木《こうぼく》になる種類の桜の木は、10m以上の間隔で植えるとよいでしょう。

苗の植え方

小さな苗から育てよう

苗の選び方

小さい苗《なえ》のうちに植えると、根が横にも下にもよく伸びて、じょうぶに育ちます。苗は、一つひとつの枝がよく伸びていること、細かな根がたくさん出ていることに注意して選ぶとよいでしょう。

苗を植えるのに適した時期

桜の葉が落ちている時期に苗を植えるのが基本です。桜が葉を落とし終わったころの11月中旬から12月上旬や、芽を開くまえの2月中旬から3月中旬が適しています。ただし、地域によって時期は少しずつ異なります。

一般に売られている苗の種類

運搬《うんぱん》をしやすくするために土が落とされた「はだか苗」

はだか苗は根が乾燥して死んでしまわないようにとくに注意します。苗を植える前に、根を水に3時間からひと晩つけてから植えます。根が外にひろがるように植えます。

一般に売られている苗の根は下に伸びる直根が少ない欠点がある。種から育てた苗を小さいうちに植えかえると、小さいうちは枯れてしまうことが多いかもしれんが、うまく育てば長生きする桜になるぞ。

植えかえしやすい土つきの「ポット苗」や「根巻き苗」

土はできるだけ落とさずに植えます。根が巻いてルーピングしているときは、根を傷《いた》めることになっても、内向きに巻いている根を切ってから植えると、外に伸びやすくなるでしょう。

成長がよく、悪い虫がついておらず、病気にかかっていない苗を選びましょう。

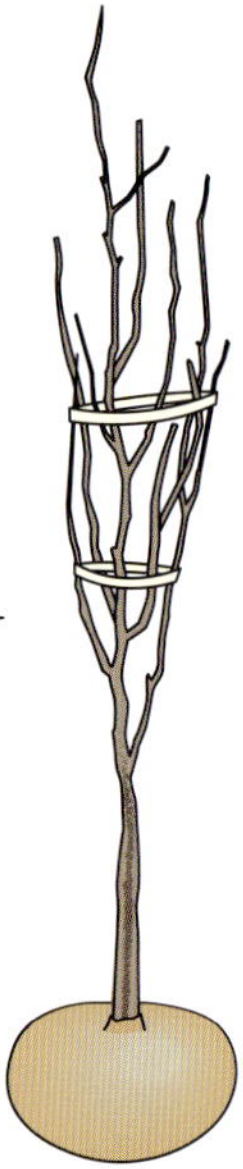

苗の植え方

土を掘りおこしたり、堆肥《たいひ》を混ぜるなど、よい土にする作業は植えるまえにすましておきます。

ここでは苗を植えるときのポイントを紹介します。

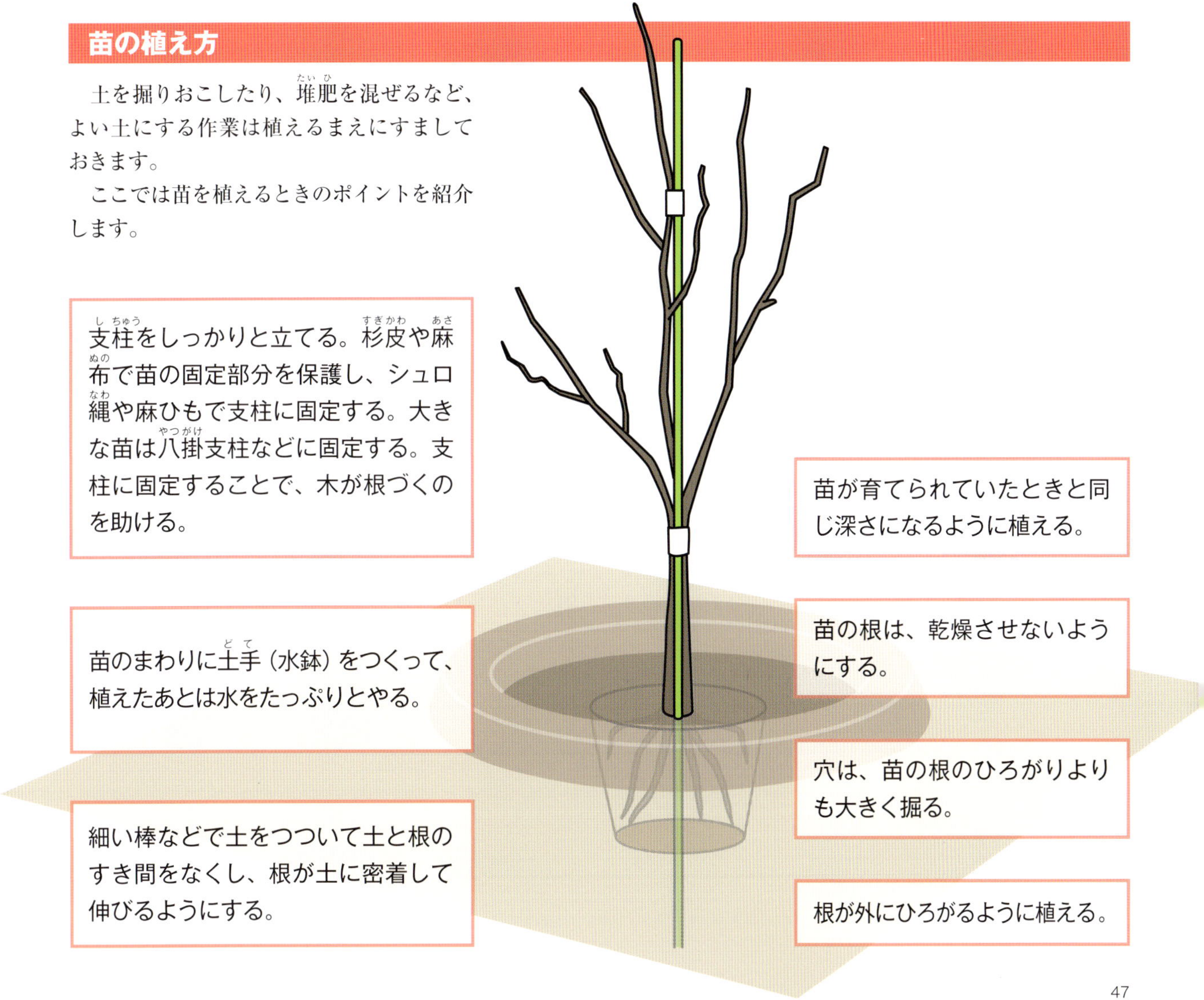

支柱《しちゅう》をしっかりと立てる。杉皮《すぎかわ》や麻《あさ》布《ぬの》で苗の固定部分を保護し、シュロ縄《なわ》や麻ひもで支柱に固定する。大きな苗は八掛《やつがけ》支柱などに固定する。支柱に固定することで、木が根づくのを助ける。
苗が育てられていたときと同じ深さになるように植える。
苗のまわりに土手《どて》（水鉢）をつくって、植えたあとは水をたっぷりとやる。
苗の根は、乾燥させないようにする。
穴は、苗の根のひろがりよりも大きく掘る。
細い棒などで土をつついて土と根のすき間をなくし、根が土に密着して伸びるようにする。
根が外にひろがるように植える。

植えたあとの観察

どこに注意すればよいのでしょう

春　根や枝葉が成長しているか

春になると根は水を吸って成長をはじめます。土を掘って根を見ることができればいいのですが、新しい根を切ってしまうといけないので、枝や葉が成長しているかどうかを見るとよいでしょう。

春から夏は苗《なえ》が枯《か》れやすい時期です。雨が降らない日がつづくと枯れてしまいます。表面の土がカラカラに乾燥《かんそう》していたら、たっぷりの水を与えましょう。そうすると、土の中の空気が入れかわり、新鮮《しんせん》な空気が根に届く効果もあります。

春　若いうちは花が咲かなくても心配ない

木が若いうちは花が咲かないこともよくあります。成長がよい木ほど、花をつけることよりも枝葉を伸《の》ばすことを優先しています。幼木《ようぼく》から若木《わかぎ》のころは花が咲くかどうかよりも、根や枝葉が成長しているかどうかを見ることがたいせつです。しかし、窒素《ちっそ》を多く含む肥料《ひりょう》を与えていると、枝葉ばかりが成長し、いつまでたっても花を咲かせない場合があります。

夏　根や枝葉が成長をつづけているか

夏になれば、木の成長がよいのか、わるいのかがわかりやすくなるでしょう。春のあいだは前の年に蓄《たくわ》えた貯蔵物質《ちょぞうぶっしつ》をつかって少しだけ成長しますが、夏にもっと成長するにはその年の春に開いた葉で光合成《こうごうせい》する必要があります。

夏になっても成長していれば、苗がしっかりと根づいたこと（活着《かっちゃく》）がわかります。

春～夏　まわりの草に負けていないか

木のまわりに草がしげると、光を浴《あ》びることができません。風通しが悪くなると、病気にもかかりやすくなります。ときどき草刈《か》りをしましょう。

春～秋　病虫害はないか

虫は桜の葉や根を食べたり、樹液《じゅえき》を吸ったりします。菌《きん》やウイルスに感染《かんせん》して病気になることもあります。とくに春の新しい葉には、虫の毒になったり、きらったりする防御《ぼうぎょ》物質が少ないので、虫に食べられやすくなります。幼木は木が弱りやすいので、病虫害《びょうちゅうがい》を見つけたらすぐに処置《しょち》しましょう。

●植え替《か》えが必要になったら

木が倒れてあぶないときには、植え替えが必要かもしれません。そんなときはまず木を弱らせた原因を考えてとりのぞき、新しい木が元気に育つ環境を用意しましょう。

たくさんの木を植え替えるときは、何年かに分けて植えると、天気の悪い年にあたったり、将来いっせいに木が弱ったりして困ることが少なくなります。

調子のわるい木

こんな症状はありませんか

枝がほとんど伸びていない。
(しょうが状になった枝)

葉が病気で枯れている。
(幼果《ようか》菌核病《きんかくびょう》)

大枝《おおえだ》が腐《くさ》ってくちている。

幹が腐ってくちている。

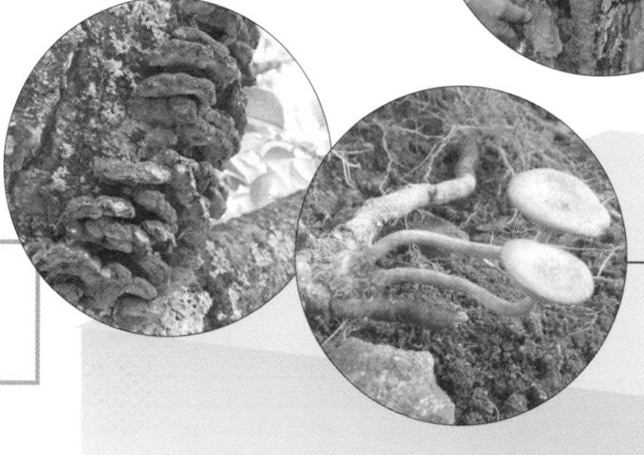

根や幹などから、
キノコが生えている。

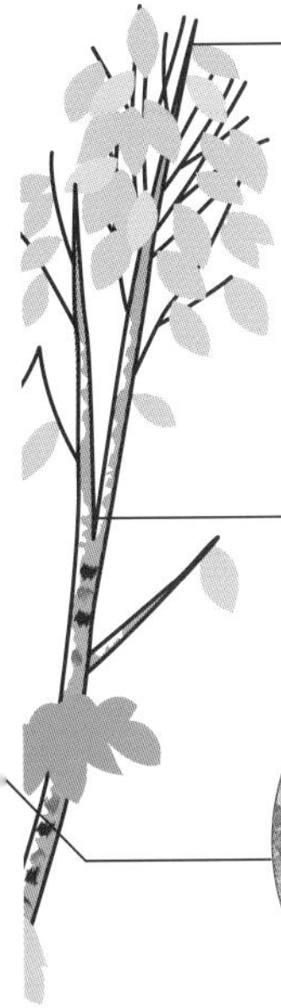

木の上のほうの枝が枯れている（先枯《さきが》れ）。

葉の量が少ない。

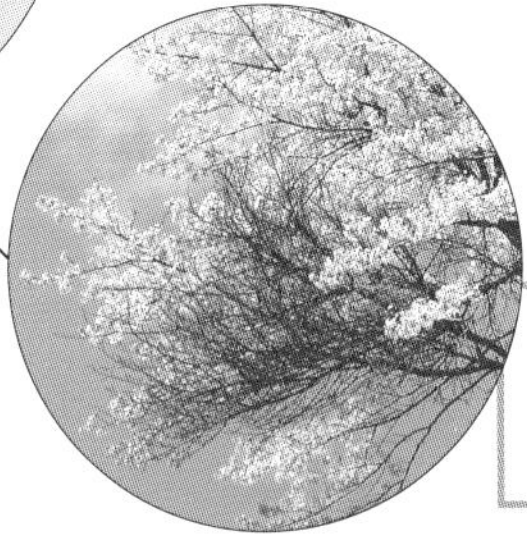

菌類《きんるい》に感染してサクラてんぐ巣《す》病にかかっている枝がある。

葉が小さく、緑色が薄《うす》い。黄色やにぶいオレンジ色の葉も混じる。

木の形にも勢《いきお》いがない。

枯れた枝や折れた枝が多い。

枝の先までコケ類やウメノキゴケ類がついている。

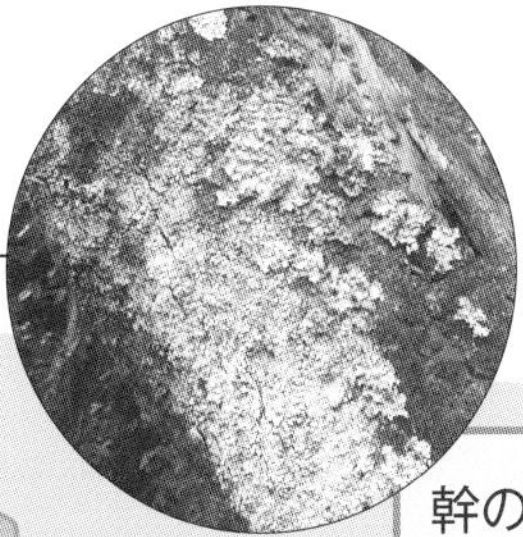

幹の樹皮《じゅひ》が古く、黒っぽい。

根はまばらで、枯れてしまった根もある。

花・芽の診断

花が咲くから元気とはいえません

芽を数えてみよう

調子のよい木は枝につける芽《め》の数が多いのですが、調子のわるい木では芽の数が少なくなります。なお、花が咲く時期になっても小さいままの芽は枯《か》れてしまいますので、芽の数には加えません。

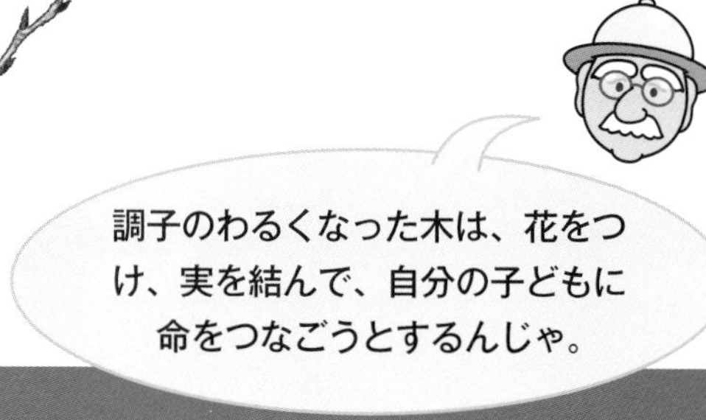
調子のわるくなった木は、花をつけ、実を結んで、自分の子どもに命をつなごうとするんじゃ。

花芽と葉芽のどちらが多いか

桜の芽には花の出る花芽《かが》と葉の出る葉芽《ようが》の2種類があります。花芽はまるく太り、葉芽はすらりとした形をしています。

枝のいちばん先の芽（頂芽《ちょうが》）はふつう葉芽ですが、2つめから後ろは花芽だったり葉芽だったりします。

花や葉が少し出はじめた時期に観察すると、花が出ていれば花芽、葉が出ていれば葉芽、とかんたんに見分けられます。

調子のよい木では花芽よりも葉芽が多いのですが、調子のわるい木では葉芽よりも花芽が多くなります。年老いた木では花芽が多いのがふつうです。

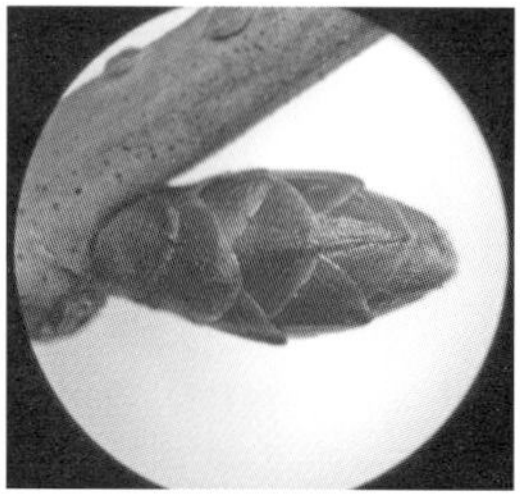
花芽

葉芽

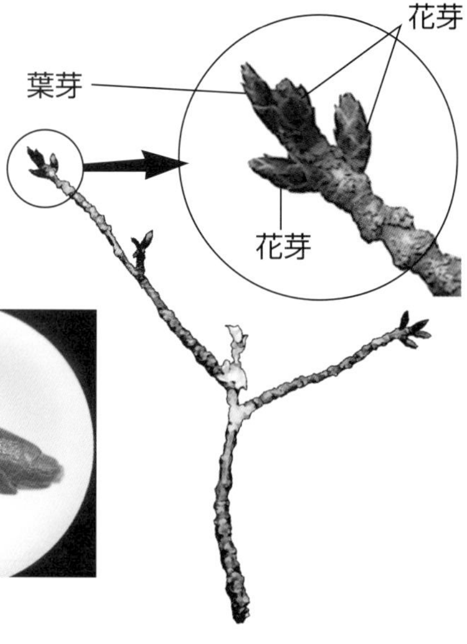
花芽
葉芽
花芽

花がたくさんついていても

花がたくさんついていると調子がよいと思われがちですが、それほど単純ではありません。先ほど書いたように、調子のよい木では葉芽が多く、調子のわるい木では花芽が多くなります。花が多いように見えても、葉が少なく、枝が伸びていなければ、調子があまりよくない木です。ただし、桜には花が先に開いて、葉があとから出てくる種類がありますので注意してください。逆に、花が少ないからといって、調子がわるいと決めつけるのはいけません。幼木や若木は、花をあまりつけないのがふつうです。

春に花が咲いていても、安心しないことがたいせつです。ほかの季節にもよく観察しましょう。花のつき方を見て、木の調子を診断《しんだん》をするには経験が必要です。

調子のよい木は枝葉を伸ばすことを優先するため、花をほとんど咲かせないことがある

枝の先に花がだんごのようについている

木の調子がわるいと枝をほとんど伸ばせず、芽と芽のあいだがせまくなっています。また、いちばん先の葉芽以外は、すべて花芽になります。そのため、調子のわるい木では、花が枝先にだんごのようにまるくかたまって咲きます。

調子のわるい木は枝葉をほとんど伸ばさないかわりに、枝の先に花をだんごのようにたくさんつけることがある

葉の診断

葉から木の調子がわかります

葉の色

調子のよい木では緑色が濃《こ》く、調子のわるい木では緑色が薄《うす》くて黄色っぽくなります。葉の色は、光合成に必要な葉緑素《ようりょくそ》（クロロフィル）が多いかどうかをあらわしているからです。

葉の緑色が薄いときは窒素《ちっそ》を含む肥料を少しずつ与えてみます。養分《ようぶん》が足りないだけならこれでよくなりますが、ほかに原因のある場合もあります。

●葉の緑色の濃さをはかる器械

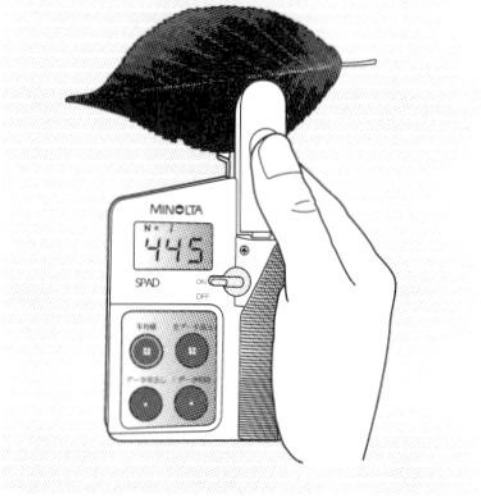

毛虫

葉を食い荒らす毛虫《けむし》には、オビカレハやアメリカシロヒトリ、モンクロシャチホコなどがあります。

毛虫に食い荒らされても、大きくなった木が枯れることはほとんどありませんが、早めに見つけて取り去ることで被害《ひがい》をおさえることができます。

モンクロシャチホコに食い荒らされた葉

葉の量や葉の大きさ

木の下から見上げたときに、調子のよい木には空が見えないほど葉がついています。調子のわるい木は葉の量が少なくなり、葉も小さくなります。

葉の量や大きさに調子のわるさが見られる場合、水や養分を根から吸収し、葉まで運ぶはたらきが弱っていると推測できます。ほかにもさまざまな原因が考えられますので、わからないときは専門家に相談しましょう。

調子のよい木では大きい葉（左）、調子のわるい木では小さい葉（右）になる

調子のよい木（左）と調子のわるい木（右）で葉の量が違う

アブラムシ

新緑《しんりょく》のころに葉に寄《き》生《せい》し、汁を吸います。葉は刺激《しげき》を受けて、こぶができたり、縮《ちぢ》れたりします。

アブラムシに汁を吸われた葉

葉の病気

カビに感染することで春先に葉や枝、実が茶色にしおれてしまう幼《よう》果菌核病《かきんかくびょう》などがあります。幼果菌核病でしおれた部分は切りとり、焼いて処分《しょぶん》します。

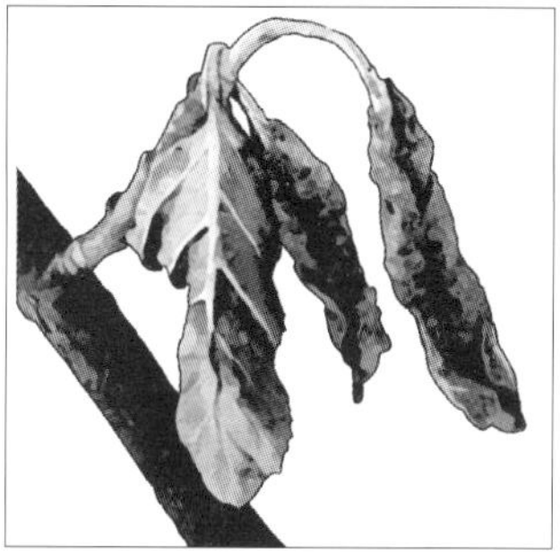

木の上の日なたの葉を見るとよい

重力《じゅうりょく》にさからって木の上に水を運ぶのはたいへんなので、上のほうの葉は小さくなりやすい。

日なたの葉は、葉を通り抜ける強い光をできるだけ吸収しようと、ぶ厚くなっています(陽葉《ようよう》)。

●光合成の状態を診断する器械

葉をしばらく真っ暗なところにおいたあとに、光を当てると、光合成の状態を診断することができます。このような診断を行なう器械には、クロロフィル蛍光測定装置や遅延蛍光測定装置があります。

日かげの葉は弱い光をたくさん吸収しようと、薄くてひろい葉をしています（陰葉《いんよう》)。

木の診断《しんだん》をするときは、ストレスがかかりやすい木の上の日なたの葉を見るとよいでしょう。芽ぶいたばかりの若い葉は葉緑素がまだ少なく、葉も大きくなっていないので、診断できません。

枝の診断

枝からわかる成長量

枝は日当たりのよい場所に葉をつけようと長く伸びますが、枝の途中は伸びず、枝の先だけが伸びています。枝をよく見ると、毎年どのくらい成長してきたかがわかります。

枝の伸び具合

調子のよい木は枝がよく伸び、調子のわるい木はほとんど伸びません。日当たりのよい木の上の枝が30cm以上伸びていれば成長がよい、10cmも伸びていなければ成長がわるいといえます。ただし、年老いた木では伸び方がやや少ないのがふつうです。

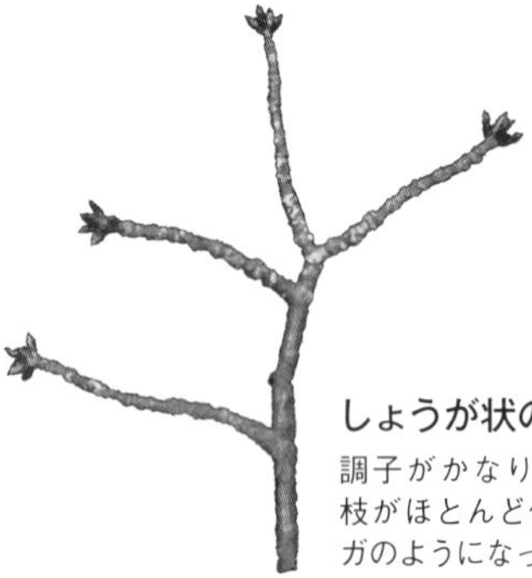

しょうが状の枝
調子がかなりわるい木の枝。枝がほとんど伸びずにショウガのようになっている

●芽鱗痕《がりんこん》をさがしてみよう

冬に芽がつつまれていたあとが芽鱗痕。これをたどると、枝が春からどのくらい成長したかがわかります。

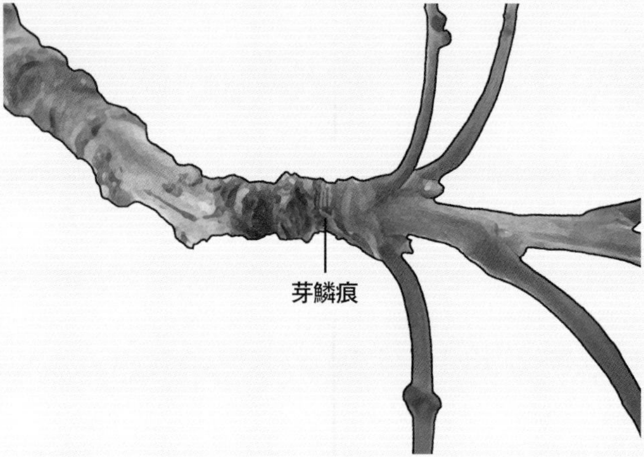
芽鱗痕

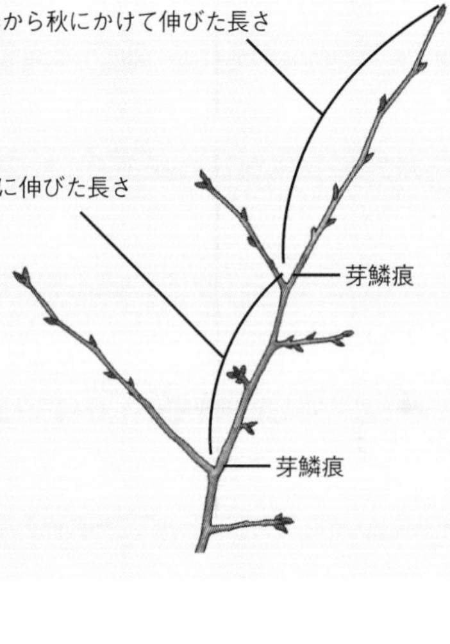
この春から秋にかけて伸びた長さ
前年の春から秋に伸びた長さ
芽鱗痕
芽鱗痕

枯れた枝や折れた枝

枯れ枝や折れ枝の切り口から病原体《びょうげんたい》や害虫が入り込むと、木が弱ってしまいます。

枯れ枝や折れ枝を正しい位置で切って、新しい組織が切り口を巻き込みやすくして、病気や虫が入らないようにしましょう。

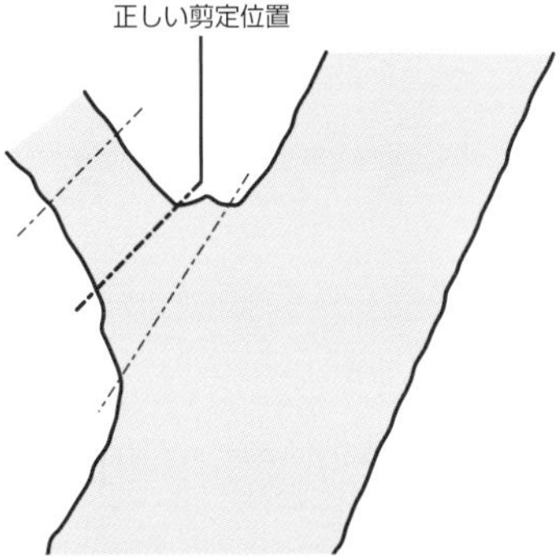
正しい剪定位置

上は正しい位置で剪定（せんてい）した枝で、切り口を新しい組織が巻き込みはじめている。下は正しくない位置で剪定した枝で、切口から腐りはじめている

枝の病気

菌類の感染によって、小枝がほうきのようにたくさん出るサクラてんぐ巣病などがあります。てんぐ巣病は、まわりの枝や木にひろがってしまうので、冬に病気の枝を切りとり、焼いて処分します。‘染井吉野’は、この病気にとくにかかりやすいことが知られています。

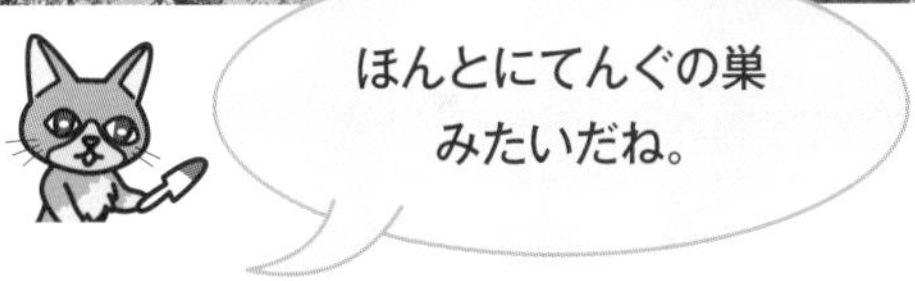
ほんとにてんぐの巣
みたいだね。

カイガラムシ

風通しのわるいところの枝や幹に寄生して、汁を吸います。白い殻《から》を見つけたらブラシでこすり取り、まわりの風通しをよくします。

幹の診断

幹の状態からわかること

幹は枝や葉を高くにつけるための支えとなっていて、毎年少しずつ太くなります。幹は根で吸収された水や養分を上に、葉でつくられた物質を下に運ぶ通り道にもなっています。

幹のはだ

調子のよい幹のはだ（左）と
調子のわるい幹のはだ（右）

調子のよい木の幹のはだは全体に新しいのですが、調子のわるい木では古くなっています。年老いた木では幹が古いのがふつうです。

幹の太りぐあい

毎年同じ位置で巻き尺《じゃく》を巻いて幹の周囲の長さをはかると、調子がよいかどうかがわかります。調子のよい木では1年に3cm以上成長しますが、調子のわるい木では1年に3mmくらいしか成長しません。年老いた木では太り方がやや少ないのがふつうです。

ウロができていないか

木にあいた穴をウロ（洞）といいます。ウロは木に菌が入って、木を腐らせたあとです。調子のよい木では、菌が入って腐らせようとしても木がすぐに治そうとします。ところが、調子のわるい木では、ウロがどんどん大きくなってしまいます。大きなウロがあれば、むかし調子がわるかったか、いまも調子がわるいことをあらわします。

幹に腐っている部分がないか調べる器械

回転するキリを差し込んで幹のかたさを調べる「貫《かん》入《にゅう》抵《てい》抗《こう》式《しき》測《そく》定《てい》装《そう》置《ち》」や、木をたたいて振動《しんどう》が伝わる速さから腐っている部分を推定する「弾性波樹《だんせいはじゅ》木画像診断《もくがぞうしんだん》システム」などがあります。

キノコが出ていないか

木からキノコが出ていれば、菌が木の中を腐らせています。木の調子がわるいことをあらわします。キノコには、シイタケのような形だけでなく、サルノコシカケの仲間などのように半円状《はんえんじょう》のものもあります。

虫のふんや樹脂（ヤニ）が出ていないか

コスカシバの白い幼虫は、木の皮の下にもぐって、幹の成長する部分を食べてしまいます。茶色のフンやヤニが出ているのを見つけたら、木の皮をはがしてこの幼虫を取り出しましょう。ガの仲間ですが、成虫はハチに似ています。

コスカシバの成虫

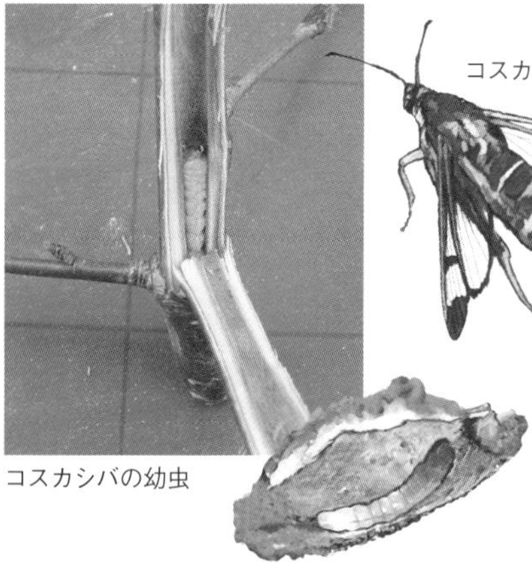

コスカシバの幼虫

幹が腐って困ること、あまり困らないこと

幹が腐ると、木は折れやすくなっています。折れた木が人や家、車などにぶつかると危険です。

でも、大きな穴があいているのに、なぜ生きていられるのでしょうか。じつは、幹の中心は死んだ細胞の集まりで、水や養分などを運ぶはたらきをしていません。幹の外側の生きた部分が残ってさえいれば、木は生きつづけられるのです。

ウロはふさがなくてもよい

ウロができると、木は新たに菌が入り込まないように、生きた部分をひろげ、新しい組織が巻き込むようにしてウロをふさごうとします。木の中にも菌が入ることをふせぐ壁《かべ》をつくります。

このように木は自分で傷口《きずぐち》をふさぎ、菌が入り込むのをふせぎます。かつてはウロにコンクリートやウレタンをつめる治療《ちりょう》をしていましたが、木がみずから治そうとするはたらきのじゃまになるので、いまではそのような治療はおこないません。

ウロがあっても生きている桜（止観院〈滋賀県大津市〉）

根の診断

枯れはじめたら根や土のかたさを調べてみよう

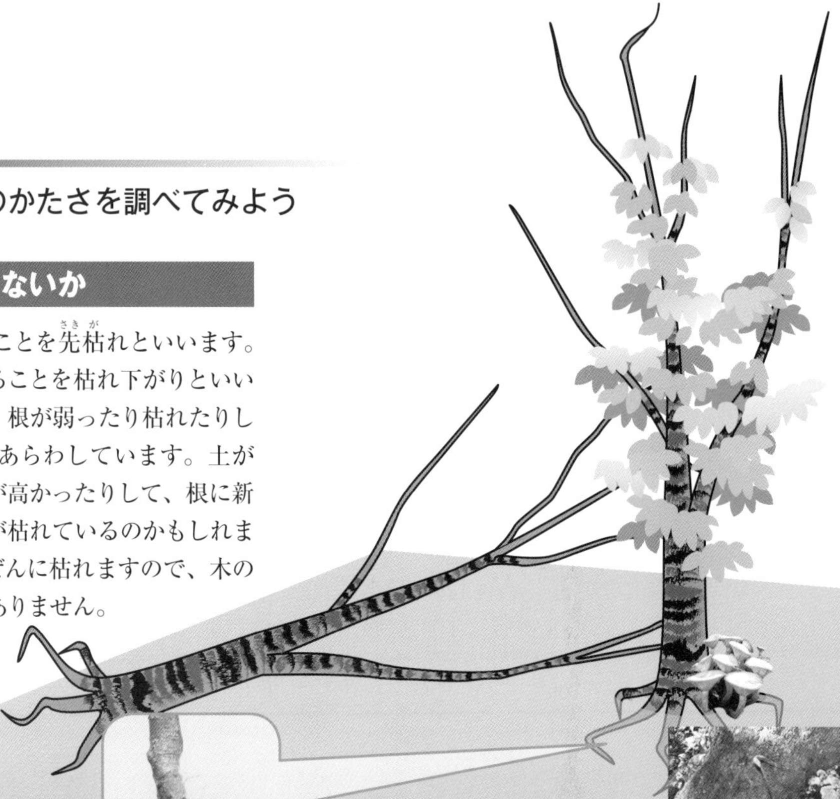

木の上の枝が枯れていないか

木の上のほうの枝が枯れることを先枯《さきが》れといいます。木の上から下に枯れがひろがることを枯れ下がりといいます。先枯れや枯れ下がりは、根が弱ったり枯れたりして、水を上に運べない状態をあらわしています。土がかたかったり、地下水の水位が高かったりして、根に新鮮な空気がゆきわたらず、根が枯れているのかもしれません。日かげになると枝はしぜんに枯れますので、木の内側の枝が枯れていても問題ありません。

根にこぶができていないか

細菌の感染によって根にこぶができる病気のひとつに根頭《こんとう》がんしゅ病があります。こぶが大きくなると木の調子がわるくなります。治療《ちりょう》方法はないので、桜が元気に育つ環境をつくって病気をおさえます。植えるときに、根にこぶのない苗木を選ぶことが重要です。

キノコが出ていないか

幹のキノコとおなじように、菌が木の中を腐《くさ》らせていることをあらわしています。根元《ねもと》にキノコが出ている木は、根こそぎ倒《たお》れてしまう危険もあります。専門家に相談しましょう。

掘らなくても土のかたさが調べられる器械

　おもりを落とした衝撃《しょうげき》で、先のとがった棒を土にさし込んで土のかたさを調べる土《ど》壌《じょう》貫《かん》入《にゅう》計《けい》があります。おもりを落としたときに棒が土に入る深さを測定します。かたい土では棒が少ししか入りません。

土がかたくなっていないか

　土の上を人や自動車が通ると、土がだんだんかたくなります。かたくなった土は、水や空気を通しにくくなって、根を弱らせます。

　根を傷めないように注意しながら土を掘りおこし、堆《たい》肥《ひ》を混ぜ込むとやわらかい土になります。

コラム ②

桜の病気と菌類

山中勝次（京都菌類研究所 所長）

生態系における菌類の役わり

キノコやカビは菌類《きんるい》に属します。菌類には木材や落ち葉などを分解する腐生性《ふせいせい》キノコがあります。腐生性キノコはおもに植物の遺体《いたい》を分解し無機物《むきぶつ》にして大地にかえします。つまり、地表にたまった植物性のごみをかたづけて、植物が生育《せいいく》できる土にもどしてくれているのです。

いっぽう、植物の根から糖《とう》やアミノ酸などの栄養をもらい、同時に植物にはミネラルや水を供給する菌根共生菌《きんこんきょうせいきん》もあります。菌根共生菌は植物の生育になくてはならない窒素《ちっそ》やリン酸を土から効率的に吸収して植物にわたします。

菌類は、炭素《たんそ》や窒素を循環《じゅんかん》させるはたらきによって、桜など地球のすべての生命をささえてくれています。

桜はどうして病気にかかるのか

桜を弱らせる要因には、光がよく当たらない、土壌《どじょう》の養分《ようぶん》や水分の過不足《かぶそく》、台風による枝や幹の折損《せっそん》などの環境的要因と、密植《みっしょく》による日照量《にっしょうりょう》の不足や、踏圧《とうあつ》による根の傷《いた》み、工事による枝や根の切断などの人為《じんい》的要因があります。勢《いきお》いのある元気な桜は病気の原因となる菌類の感染《かんせん》を防御《ぼうぎょ》する力がありますが、桜が弱ってくると弱った部分に病原菌《びょうげんきん》のカビやキノコ菌が感染し、ひろがっていきます。

桜の病気と特徴

'染井吉野' はサクラてんぐ巣病という伝染性《でんせんせい》の病気にかかりやすく、感染した枝はほうきのような形になり、花が咲かずに葉だけとなります。そのまま放置しておくと病気はひろがり、枯《か》れが進みます。そこにキノコ菌が感染してたくさんのキノコを発生させます。弱った桜の枝や幹に発生するキノコはおもにコフキタケやベッコウタケなどサルノコシカケ類が多く、キノコの出ている木の内部はキノコ菌で腐朽分解《ふきゅうぶんかい》しています。ときには幹の中心部（心材《しんざい》）のほとんどが腐《くさ》って、「がらんどう」になるものもあります。

根元やその周辺にナラタケやナラタケモドキが発生した場合は、すでに根の多くがナラタケ類によって腐朽分解しています。ナラタケ類によって桜が枯れると、その切株《きりかぶ》からは十数年にわたってキノコが発生しつづけ、近くの桜の根にナラタケ類の菌糸《きんし》が感染して被害《ひがい》が拡大します。

桜とどのようにつきあえばよいか

桜が弱ってくると、害虫や病原菌に攻撃《こうげき》されやすくなります。殺虫剤《さっちゅうざい》や殺菌剤《さっきんざい》にたよるのではなく、元気のよい桜を育てる環境づくりがたいせつです。

できるだけ早く衰弱《すいじゃく》や異変《いへん》に気づくことも大事で、早めに手当てをしてやることです。たとえば、サクラてんぐ巣《す》病にかかった枝はとなりの桜の枝に接触《せっしょく》感染するので、発病した枝を発見すればただちに切り取ります。病気になった場所よりも下の健全な枝は、切り取っても周囲の組織が巻き込んで自ら治癒《ちゆ》する能力を樹木《じゅもく》はもっています。切断面には殺菌剤を塗《ぬ》るよりも、組織の巻き込みを助けてくれる桜にやさしい樹木保護剤《ほござい》を塗ります。

健康な桜に育てるために

桜の健康を維持《いじ》するには、光をじゅうぶんに受けられる環境で育てることです。将来、大木になることを予測して間隔《かんかく》をじゅうぶんにあけて植えると、上方や周囲に枝を存分《ぞんぶん》に伸《の》ばし、葉や根の量もふえ、幹も太くなります。間隔をあけて植えることは、サクラてんぐ巣病がとなりの木に感染しないようにするうえで有効です。

公園や街路《がいろ》に植えられた桜は、たくさんの通行人に踏《ふ》みつけられるため、どうしても根が傷《いた》み弱ってしまいます。桜を植えるときには、根が踏まれないように通路からじゅうぶんにはなれた場所を選ぶことです。ナラタケ類は弱った根に感染し、時間をかけながら根を分解し、少しずつ桜を弱らせ、ついには枯らしてしまいます。しかし、日当たりと土の環境が良好で桜に元気があれば、一部の根がナラタケ類によって腐ってもひろがらず、健康な根が再生されます。

サクラてんぐ巣病
写真の被害木はすべて'染井吉野'

ナラタケモドキ

コフキタケ

桜のプロフェッショナルたち

どうにもならないときはたよれるプロの力を借りましょう

木や土の専門家といっても得意分野はさまざまです。桜をどのくらい専門にしているのかも異なるでしょう。地域によって気象も異《こと》なりますから、地域のことをよく知っている専門家に相談することもたいせつです。

どのような専門家に相談すればよいかわからないときは、地方自治体《じちたい》や緑化《りょくか》協会、植物園などが開いている緑の相談所をたずねるとよいでしょう。相談するときは、桜の種類や大きさ、いつ植えて、どのような手入れをしてきたのか、まわりの環境や症状などを伝えます。

頼《たよ》りになる専門家でも、現場で対応できることはかぎられています。桜を植えるときが肝心《かんじん》だということは忘れないでおきましょう。

研究者
よくわかっていないことをくわしく
調べて明らかにする専門家
樹木医
木のお医者さん
造園家
まちの緑の風景をつくる専門家

植木屋

木を植え、育てる専門家

庭師

庭をつくり、手入れをする専門家

育種家

さまざまな品種の桜を保存して、
新しい品種を生み出す専門家

街路樹剪定士

街路樹の手入れをする専門家

植栽基盤診断士

植物が健康に育つように土を
ととのえる専門家

コラム ③

桜を育てる

京都で桜を守る仕事をされて20年のタマさんにインタビューしました

Q 桜にかかわる仕事を選んだ理由は？

A 枝の切り口に塗《ぬ》る保護剤《ほござい》を開発して売っていたのですが、お客さんから桜の手入れもしてくれないかと頼《たの》まれたことがきっかけです。桜の名所の近くで育ったこともあって、桜に愛着があり、とまどうことはありませんでした。

Q どんなときにうれしいですか？

A 桜の花がきれいに咲いて、みなさんに喜んでもらえたときがうれしいですね。「桜の花が咲くのを楽しみに生きています」というお年寄りや、「うれしい」、「また見にきたい」という小さな子どもなど、たくさんの声に元気づけられます。

Q 1年をとおして桜をどんなふうに手入れするとよいか教えてください。

4月
花の時期

花のようすを観察して、写真に撮《と》っておきます。

→

5月はじめ～梅雨前
新緑の時期

雨が降らない日がつづいたら、水をやります。急に暖かくなった年はとくに注意します。

タマさん

新しい枝をつくって桜を若返らせるための剪定（せんてい）をします。一般の人がこの作業をするのはむずかしいですね。

→

7月～ 10月
葉が青々としている時期

必要に応じて水やりをします。

タマさん

葉のようすを見て、うすめた液肥（えきひ）をやることもあります。肥料を与えると、桜が元気になったように見えることもありますが、弱っている原因は違うことがよくあります。桜をよく見て判断することがたいせつです。

Q どんなときにたいへんですか？

A 台風や集中豪雨《ごうう》、水不足など、天候に翻弄《ほんろう》されています。土砂崩《くず》れが起こったり、桜が倒《たお》れたり、折れたり、枯《か》れそうになったりと、いつもたいへんです。

Q 桜を育てるのにたいせつなことは？ 気をつけてほしいことはなに？

A 一年をとおして桜の変化を見てほしいですね。桜が大きくなることは学校でも習っていると思いますが、桜のようすは毎年違うことに気づいてほしいと思います。たとえば、年によって秋に葉が赤くなったり黄色くなったりと違う。それはなぜなのか、疑問をもってほしい。

それに、専門家といっしょに桜をさわってほしいと思います。枝をひっぱるとダメといいますが、どうしてダメなのかは枝を折った体験がないとわかりません。桜にさわっていると、いぼができてきたり、水を吸い上げていなかったり、幹や枝からヤニや茶色の虫のふん（フラス）が出ていたりという変化にも、すぐに気づくことができます。

みなさん桜を植えることに一所懸命《いっしょけんめい》ですが、育てるほうがもっとたいへんという意識をもってほしいですね。

この本に書かれているような「生きものとしての桜」について、もっと関心をもって、愛情をそそいでほしいと思います。

10月終わり頃～落葉するまで
紅葉の時期

枯れた枝や弱った枝を剪定します。切り口には、保護剤を塗ります。

タマさん

一般の人が１年に１回枝を切るのなら、紅葉しはじめたころがおすすめですね。ほかよりも早く落葉して弱っている枝を見つけやすいからです。
１年をとおして木を見ることもたいせつです。そうしていれば、どの枝を切ったらよいかがすぐにわかります。

正しく剪定した切口のようす

冬

切り口の直径が5cmよりも大きな太い枝は、冬のあいだに切るとよいでしょう。

タマさん

枯れ枝は一年中、剪定します。
ヤニや茶色の虫のフンがたくさんでていたら、専門家に相談を。

タマさん 地域や品種によって、桜の手入れの最適な時期は異なります。このカレンダーはひとつの目安にしてもらえればと思います。

枯れてもつづく桜のいのち

桜もいつか枯れてしまいます

桜などの植物の細胞はいろいろな細胞に変わることができます。これを全能性《ぜんのうせい》といいます。たとえば、桜の幹が腐ってくると不定根《ふていこん》という根が出ることがありますが、これが育つと新しい幹や根になります。それに、木が弱ると、いつもと違うところから不定芽《ふていが》という芽が出て、新しい枝になることもあります。桜には古い体を新しい体にかえるチャンスがあるのです。桜には、動物のように何年たつと死んでしまうという決まった寿命はありません。しかし、自然界では、新しい体に変わって生きながらえるには、よほど運がよくないといけません。桜もいつかは枯れてしまうのです。

不定根

分身をつくって生きる

桜のいのちをつなぐ方法の一つは、人が桜の分身（クローン）をつくってあげることです。挿《さ》し木や接《つ》ぎ木、組織培養《ばいよう》などは、分身をつくっていのちをつなぐ技術です。

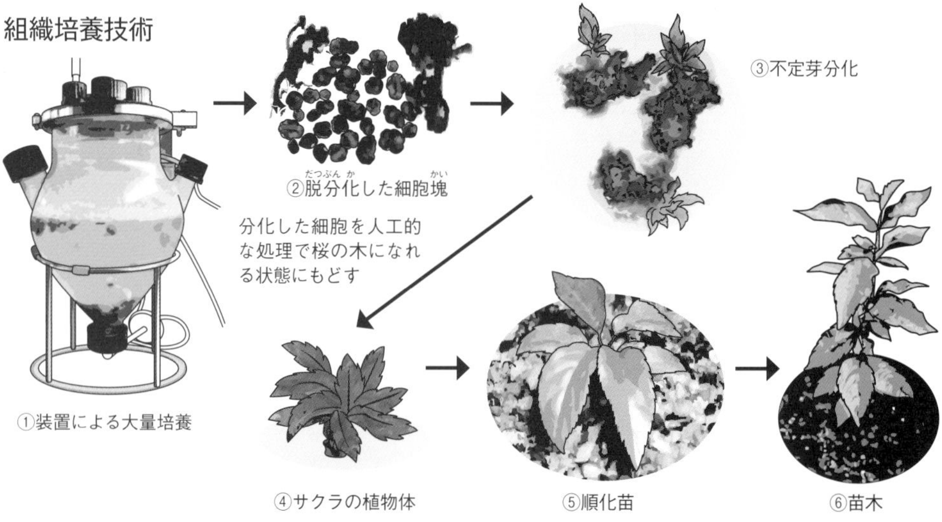
組織培養技術
①装置による大量培養
②脱分化《だつぶんか》した細胞塊《かい》
分化した細胞を人工的な処理で桜の木になれる状態にもどす
③不定芽分化
④サクラの植物体
⑤順化苗
⑥苗木

枯れても次の生きかたがある

木は二度生きるといわれます。枯れてしまった桜も、木材として新たに生きることができます。

目が密で粘りがあり、耐久性に優れている桜の木は、版木の素材として最適

桜のなかでもヤマザクラの材は、緻密《ちみつ》で、粘《ねば》りがあって削《けず》りやすく、表面がきれいに仕上がる。江戸時代には浮世絵や書籍《しょせき》を印刷する版木《はんぎ》につかわれていたんじゃ。現在でも、家具や和菓子《わがし》の菓子型にもちいられているぞ。

十二代中村宗哲「柳清水蒔絵大棗」。1947年に枯死した円山公園のシダレザクラの枯れ木をつかってつくられたお茶の道具

土にかえり、新たないのちとなる

自然界では、枯れた木は生きものに食べられ、ついには土の養分の形になるまで分解されます。それらの養分は、ふたたび新たないのちとなって生まれかわります。

枯れた木のあとの大地には光がさしこみ、新しい植物が育ちます。

枯れたクロマツから伸びるヤマザクラ。枯れて空洞になった幹に桜が根づき、成長している

←細胞が複雑化したり異質化したりと変化することを分化といいます。その分化の段階で、一つひとつの細胞の役割があたえられて、全体でひとつの生きものとして機能するようになります。しかし、植物は分化した細胞を、人工的に未分化の状態に戻すことができます（脱分化）。細胞の周囲の環境を調節すれば、細胞の機能や構造をつくり変えることができるのです。左の図は、このことを示しています。

あとがき

春が近づくと、桜の花を待ち遠しく思います。陽気とともに虫たちが活発に動き出し、外を歩く人の声も心なしか明るく聞こえます。タンポポやホトケノザ、ハコベ、タネツケバナなど野の花が咲き、木々の芽から新しい葉が出ると、新たな1年がいよいよはじまったことを実感します。私にとっては、お正月よりも桜の花を見ることのほうが、1年のはじまりを感じるためにたいせつです。

桜へのまなざしが大きく変わったのは、樹木の健康診断についての研究をはじめてからです。木が目に入ると、その木はどんな健康状態にあるのか、どういう理由でそうなっているのかを反射的に考えるようになりました。まちを歩いているとかわいそうな木が目につきます。でも、たまに生き生きと育つ木に会えたときは、ほんとうにうれしくなります。

世の中には私と同じように桜が好きという人はたくさんいます。しかし、桜のことを学ぶ機会は学校でもほとんどありません。桜についての知識が不足しているために、桜にとっても人にとっても不幸な結果になっていることをよく目にします。それで今回、桜を愛で、植え、見守り、育てるために必要なことをまとめた教科書を書きました。

本書は桜の入門書という位置づけですが、記念植樹《しょくじゅ》で苗木を植える子どもにも、保全の実務にたずさわる大人にも役に立つ本にしたい、桜について知ってほしいことはすべて入れたいと、よくばりな内容になっています。本を一とおり読んで、どこになにが書いてあるのかを頭に入れたあと、じっさいに桜とまわりの環境をよく観察し、興味をもった部分について本書を読み直すようにするとよいでしょう。本書を読んでいただいたみなさんにも、いつの間にか桜の声が聞こえるようになっていたとしたら。それは著者としてこの上ない喜びです。

監修

森本幸裕　もりもと·ゆきひろ／京都学園大学バイオ環境学部教授、京都大学名誉教授

1948年、大阪に生まれる。京都大学農学部卒業。農学博士。京都造形芸術大学、大阪府立大学、京都大学大学院等で教授をへて、2012年より現職。日本景観生態学会、日本緑化工学会、国際景観生態工学学会連合で会長を歴任。編著書に、『景観の生態史観――攪乱が再生する豊かな大地』、『最新環境緑化工学』などがある。

著者

今西純一　いまにし·じゅんいち／京都大学大学院地球環境学堂 助教

1975年、京都市に生まれる。京都大学農学部卒業、カリフォルニア大学バークレー校環境デザイン学部修士課程、京都大学大学院農学研究科博士後期課程修了後、博士（農学）を取得。2004年より現職。日本緑化工学会理事、日本造園学会関西支部事務局などを務める。著書に『平成20〜22年度吉野山サクラ調査報告書』（編著）、『環境デザイン学――ランドスケープの保全と創造』（共著）などがある。

山中勝次　やまなか·かつじ／京都菌類研究所 所長

1942年に京都市に生まれる。京都大学農学部卒業。京都大学大学院農学研究科博士後期課程単位修得修了。奈良県林業試験場総括研究員、ホクト（株）きのこ総合研究所所長（専務取締役兼務）をへて、1999年より現職。日本きのこ学会会長。日本菌学会理事。国際きのこ生物学·きのこ生産物学会副会長。国際きのこ学会評議員を務める。著書に『キノコ·ワールド最前線』、『活きている文化遺産 デルゲパルカン』、『カラー版きのこ生育診断 ヒラタケ ·エノキタケ扁』などがある。

作画

山崎 猛　やまざき·たけし

1953年、山口県下関市に生まれる。武蔵野美術大学短期大学部商業デザイン科卒業。デザイン事務所をへて、1979年よりフリーのイラストレーターとなる。情報誌のほか、CG クリエイターとしてホームページ、イベントムービー、教育用 DVD などの制作も手がける。書籍に『行ってみよう！京都 · 奈良図鑑』、『地獄 · 極楽なんでも図鑑1·2』など、DVD に『むかし昔の都城·古墳時代編』、『むかし昔の都城·ダイジェスト版』などがある。

協力いただいた方がた（五十音順・敬称略）

高台寺、光明院、サン·アクト株式会社、止観院、
大和ハウス工業株式会社 CSR 部、塗師中村宗哲、平安神宮

桜の教科書
サクラを美しくまもる人の智恵と技

森本幸裕 監修
今西純一 著
山崎 猛 作画

2015年4月1日 初版発行
2017年4月1日 第2版発行
発 行 所◎京都通信社
　　　　京都市中京区室町通御池上る御池之町309番地
　　　　〒604-0022
　　　　Tel 075-211-2340
　　　　http://www.kyoto-info.com/
発 行 者◎井田典子
制作担当◎河田結実
装　　丁◎中曽根孝善
印　　刷◎共同印刷工業株式会社
製　　本◎大竹口紙工株式会社

Printed in Japan　ISBN978-4-903473-72-7

＊お近くの書店にないばあいは、
　弊社ホームページから直接ご注文ください。
　お電話でのご注文には即日発送いたします。